참, 좋다

지은이 _ 김스잔나

수필가 김스잔나는 1939년 청도군 각북면 지슬1리에서 태어났다. 대구가톨릭대학교의 전신인 대구효성여자대학교 국어국문학과를 졸업하고 법학을 전공한 남편을 만나 진흥식물원을 경영했다.
노후에는 통점골 산비탈을 따라 층계를 이루며 붙어 있던 다랭이 논에 집을 지었다. 제일 먼저 한 일은 위 뜰에다 남편의 무덤을 옮겨 놓는 일이었다. 아침저녁 올라가 인사를 하면서 살아생전 더 잘해주지 못해서 미안하다고 말한다.
수필에 발을 들여놓은 것도 그 무렵이다. 그는 후배가 운영하고 있는 수필 교실〈에세이 아카데미〉로 찾아가 본격적인 수필 공부를 시작했다. 2017년《한국수필》로 등단을 하고 문집『당신과 함께』와 공저『기억 저편』을 출간했다.
현재 한국수필가협회, 대구문인협회, 대구수필가협회, 에세이 아카데미 회원으로 활동하고 있다.

그림 _ 홍세영

홍익대학교 미술대학 동양화과 학부 졸업
한국예술종합학교 영상원 대학원 재학 중

참, 좋다

김스잔나 수필집

學而思 학이사

책을 내며

세월이 이리도 빠른가! 7년 전 내 인생 후반기에 겁도 없이 『당신과 함께』라는 문집을 출간했다. 수필을 만난 지 채 2년도 안 된 시점이었다. 욕심만 앞선, 부끄럽고 민망한 일이었다. 그러나 내심, 책이 나왔을 때는 충일감에 차올랐던 것도 사실이었다. 열심히 살아온 자신에게 내미는 선물이기도 했다.

세월이 흐르며 진지하게 수필을 고민하기 시작했다. 어려웠다. 나의 이야기를 진솔하게 불러내는 것도 쉽지 않은 일이었지만 독자와 더불어 우리의 이야기로 나누는 것은 더 어려웠다. 나는 언젠가부터 수필에서 꽁무니를 빼고 싶은 심정이 되었다. 선생님이 나의 마음을 눈치챈 것일까. 이번에는 문집이 아닌 가방 안에 쏙 들어갈 수 있는 순수 수필집을 내어 보자고 제안했다. 나는 당황했다. 촌스럽게도 '가방 안에 쏙 들어갈 수 있는'에 마음이 흔들렸다.

인간만사 마음 먹기에 달렸다고 했다. 가장 늦었다고 생각할 때가 가장 빠를 수도 있는 법. 지난날의 소중했던 순간들과 내 삶의 조각들을 한데 모아 독자들과 스스럼없이 풀어보고 싶었다. "꿈은 꾸기만 하는 것이 아니라 실행하라고 있는 것이다."라고 하신 선생님의 말씀이 머리를 훑고 지나간다.

책이 나오기까지 끊임없이 나를 독려하고 혼신의 힘을 보태어 주신 小珍 박기옥 선생님과 진심 어린 충고의 말씀을 아끼지 않으셨던 통점골 김낙현 박사님께 존경과 감사를 드린다. 함께 공부하며 행복을 공유했던 '에세이 아카데미' 문우님들, 그리고 물심양면으로 아낌없는 성원을 보내준 나의 모든 가족들에게 고마움을 전한다.

2025년 봄에
김스잔나

차례

책을 내며 … 4

발문_『참, 좋다』에 부쳐 … 218

1부_ 기억 저편

어마마마	12
우리 할머니	17
기억 저편	23
노가수의 뮤즈카페	29
측은지심	34
버드나무	39
죽지 못해 산 나무	44
고향 땅에 집을 짓고	48

2부 _ 난설헌에게

윗집 아우	54
손가락에게	59
선지	63
난설헌에게	68
제사와 기념일	76
허기虛氣	81
지슬 생활의 중도中道	85
참, 좋다	90

3부 _ 세한도를 보며

인연	96
공연장에서	100
세한도를 보며	105
생각하는 정원	112
삼행시	118
나인틴 헌드레드	124
번 더 플로어	131
가을 남자	136

4부 _ 가을 여행

시몬과 함께한 미국 여행	144
재미없는 천국 캐나다	155
알래스카의 사계四季	163
크루즈 여행	170
성전의 나라 이탈리아	176
지상 낙원 하와이	190
삽당령 추억	200
가을 여행	204

1부
기억 저편

어마마마

우리 할머니

기억 저편

노가수의 뮤즈카페

측은지심

버드나무

죽지 못해 산 나무

고향 땅에 집을 짓고

어마마마

우리 자매는 어머니를 '어마마마'라고 불렀다. 물론 어머니가 한국에 계실 때는 아니었다. 이민 생활 후반기로 기억된다. 동생들도 나이 들어 제 인생을 살다 보니 딸만 낳아 고생하셨던 어머니의 마음을 조금은 위로해 드리고 싶은 충정이었을 것이다. 어머니는 실제로 딸들 위에 군림하며 대비처럼 사셨다. 여장부의 풍모를 타고난 어머니는 풍채뿐 아니라 마음 씀씀이도 넉넉하셔서 남에게 베풀며 사는 것이 몸에 배어 있었다. 초등학교도 못 다니셨지만 한글을 스스로 터득하여 읽고 쓰는 데 큰 불편함이 없었다.

어머니는 열다섯 어린 나이에 시집와서 내리 딸만 여섯을 낳았다. 넷째 동생을 낳고부터는 많이 우셨다고 했다. 빨리

 아들을 낳기 위해 콩나물을 빻아 젖을 삭이고 유모를 들였다고 한다. 네 살짜리 딸을 둔 유모의 젖이 풍족할 리 없었다. 항시 젖배가 고팠던 막냇동생은 아직도 키가 자그마하다.
 어머니는 아들을 낳지 못하는 것이 당신의 죄인 양, 항상 아버지께 미안해하셨다. 나중에 아버지는 어머니의 묵인하에 아들을 보기 위해 다른 여인을 취했다. 누구보다 점잖고

경우가 밝았던 아버지도 아들 욕심은 포기할 수 없었던 모양이었다. 아버지가 작은댁에 가신 날에는, 어머니는 대청마루에 기대앉아 줄담배만 피우며 꼬박 밤을 지새웠다. 그 모습을 지켜보는 내 가슴도 타들어갔다. 행인지, 불행인지 그분도 딸을 낳았는데 일찍 잃고 말았다. 소임을 다하지 못했다고 여겼던지 우리 곁을 떠나버려 아버지의 아들바라기는 무산되었다.

그 당시 세태는 남아선호 사상이 팽배해 있었다. 딸의 목숨쯤이야 하찮게 여기는 풍조가 만연했다. 아들을 낳기 위한 잉여인간쯤으로 취급했다. 갓난애를 윗목에 밀쳐 두고 방치하는가 하면, 남의 집에 양녀로 보내 천륜을 끊는 부모도 있었다. 아들을 낳지 못한 아낙네들은 시집의 냉대와 대를 잇지 못하는 죄책감에 시달려야 했다.

변화가 일어난 것은 그로부터 불과 30여 년이 지난 후였다. 남성 중심 사상이 서서히 허물어지기 시작했다. 여성의 권리가 신장되고 딸들도 대접받는 시대가 온 것이다. 여성도 남성과 당당히 경쟁하며 자신의 능력을 펼칠 수 있는 시대가 올 줄이야!

이런 시대 상황은 우리 집에도 예외 없이 찾아왔다. 대학교에서 영문학을 전공한 셋째 여동생이 미국 유학을 마치고 그곳에서 금융계에 진출했다. 성공한 동양 여인으로 미국 신문에 실릴 만큼 두각을 나타냈다. 자리를 잡은 동생이 부모님과 남은 가족을 모두 미국 이민 길에 오르게 했다. 뒤이어 이민 간 동생들도 셋째에 버금가는 역할을 하여 우리 집은 여성 천국이 되었다.

　눈에 띄게 달라진 것은 어머니의 삶이었다. 딸들은 하나같이 효심이 지극했다. 딸들의 극진한 효도 속에 둘러싸여 어머니는 호사도 많이 누렸다. 태어나서 어머니 젖 한 모금 변변히 얻어먹지 못한 막내 여동생이 어머니가 돌아가실 때까지 모시고 살았다. 집에서 제일 전망 좋은 방을 내어 드리며 살뜰하게 모셨다.

　어머니는 한시도 영어 공부를 게을리하지 않았다. 단어 옆에 한글로 발음을 깨알같이 적어 둔 노트를 딸들은 지금도 간직하고 있다. 미국 국적을 취득하려면 국가가 치르는 시험에 합격해야 한다. 어머니는 불철주야 공부한 결과 어려운 시험에 합격했다.

　훗날 가톨릭에 귀의한 어머니는 신심도 남달랐다. 이민 가실 때 가져간 우리 정서가 담긴 물건들을 성당에 전시하여 다른 사람들의 부러움을 샀다. 의미 있는 행사를 염두에 두셨는지 평소 아끼던 장롱과 손때 묻은 방짜 대야, 놋그릇, 심지어 놋숟가락까지 이민짐에 실어 갔다. 어머니의 아이디어는 순간순간 빛을 발했다. 그뿐만 아니었다. 남편을 잃고 애통해하는 어머니의 막내 여동생을 위로하는 장문의 편지와 당신의 신앙생활을 고백한 글이 가톨릭 시보에 연재되었다. 이역만리 타국에서 나름 꿈을 펼치며 선구자처럼 당당하게 사셨던 우리 어머니.

　어머니는 평소에 늘 입버릇처럼 말씀하셨다.
　"한국도 하느님 땅, 알래스카도 하느님 땅, 나는 어디에 묻혀도 상관없다."
　지금 어머니는 알래스카에 묻혀 계신다. 그윽한 눈빛으로 내려다보시는 성모상 바로 앞에서 영원한 안식을 누리고 계신다. '어마마마'라고 불리기에 손색이 없었던 우리 어머니, 오늘따라 유난히 보고 싶다.

우리 할머니

 간밤에 겨울비가 세차게 내렸다. 바람이 윙윙 소리를 내며 창가를 훑고 지나간다. 바람 소리를 듣고 있자니 어린 시절 한겨울에, 동구 밖 당산나무 아래서 나를 기다리시던 할머니가 불현듯 생각이 난다.
 우리 할머니는 좀 특별하셨다. 슬하에 팔 남매를 두셨다. 아들 육 형제 중 삼촌 한 분이 일찍 돌아가신 후 모두 결혼시켜 며느리가 다섯 명이나 되었다. 사촌들 중 나이가 제일 많았던 나는 집안 사정을 조금은 알고 있는 편이었다. 내가 아는 한 어느 며느리도 할머니의 험담을 늘어놓는 모습을 보지 못했다.
 할머니는 후덕한 시어머니로 동네에 소문이 자자했다. 여느 시어머니처럼 며느리들 위에 군림하거나, 시집살이를 시키지 않았다. 때로는 며느리들 밥을 손수 챙겨주시기도 하며 딸처럼 살갑게 다독였다. 그런 시어머니에게 어느 며느리가 불만을 토로할 수 있겠는가.

할머니에게는 손주가 많았지만 유독 나를 챙기셨다. 일제강점기에 태어난 나는 해방 후에 전형적인 농촌 마을에서 초등학교에 입학했다. 우리 동네에서 십여 명의 남자아이들이 학교에 다녔는데, 여학생은 달랑 나 하나뿐이었다. 이십 리가 넘는 시골길을 친구 하나 없이 외롭게 다녔다. 당시에는 대부분 딸은 공부를 시키지 않았다. 방과 후, 하굣길에 남자아이들은 무리를 지어 집으로 돌아갔지만, 나는 그 대열에 끼지 못한 외톨이 신세였다. 나는 조금 거리를 두고서 잰걸음으로 그들 뒤를 따라갔다. 당시 나를 챙겨주는 아이는 단 한 명도 없었다.

인정머리가 없어서 그랬는지, 아니면 '남여칠세부동석'이라는 교훈을 철저히 지켰던 탓일까? 라고 생각했는데, 어렴풋이 풀리는 한 가닥 실마리를 찾았다. 혹시 남녀 간에 내외內外를 한다고 그 머스마들이 생각한 것은 아닐까? 어른들도 남녀 간에 내외하는 풍조가 심하던 시절이었다.

해가 짧은 겨울에는 동네 어귀에 도착하기도 전에 땅거미

가 지고 어두워지기 시작했다. 입은 옷은 치마저고리가 고작이었고 외투나 책가방은 꿈도 꾸지 못한 시절이었다. 할머니는 하루도 빠짐없이 동구 밖까지 마중을 나오셨다. 나를 보자마자 솜포대기를 내 어깨에 씌워주시며 시린 손을 녹여주시던 할머니의 온기가 마냥 그립다. 그때는 엄마보다 할머니가 더 좋았다. 이제 나이 들어 내가 할머니가 되고 보니 나는 손주들에게 우리 할머니처럼 지극한 사랑을 주지 못한 것 같아 많이 미안하다.

　내가 중학교에 입학 후에 우리 집은 대구로 이사를 했다. 할머니가 많이 보고 싶었다. 어느 날, 큰집을 찾은 나는 할머니를 졸라 대구행을 감행했다. 마을 북쪽에 청산이라는 만만찮은 재가 있었다. 청산을 넘어야 대구행 버스를 탈 수 있는 가창면에 닿는다. 가파른 오솔길을 오르는 할머니와의 동행은 어려움이 따랐지만, 할머니를 대구로 모셔간다는 기쁨에 힘든 줄도 몰랐다. 이마에는 송골송골 땀방울이 맺혔다. 숨이 차면 소나무 그늘에서 쉬어가기를 거듭했다. 청산의 정상은 넓은 벌판에 억새 천지다. 하얀 억새가 누웠다, 일어났다를 반복하며 몸을 뒤척이는 모습은 장관이었다.

　어렵사리 도착한 가창면에서 버스를 탄 우리에게 잊을 수 없는 사건이 생겼다. 교통사고가 난 것이다. 대구를 향해 달리던 버스가 내리막길 둔덕에 처박히고 말았다. 다행히 큰 사고는 아니었지만, 다른 버스로 승객들을 옮겨 태우느라 야단법석이 났다. 이 모든 것이 무리하게 일을 벌인 내 탓이라는 생각에 할머니를 뵐 면목이 없었다.

할머니를 대구로 모셔온 후 가까이 있던 작은집 사촌들과 할머니 모셔가기 전쟁이 벌어졌다. 우리 집은 나를 필두로 올망졸망 다섯 자매가 있다. 여기에 뒤질세라 사촌들도 다섯 자매여서 사정이 비슷했다. 할머니가 우리 집에 계시면 사촌들이 몰려왔다. 반대인 경우에는 우리들이 함께 가서 할머니가 우리 집에 오실 때까지 진을 치고 있었다. 사촌끼리 벌이는 치열한 전쟁을 바라보며 할머니는 흐뭇해하셨다. 두 아들네를 오가시던 할머니는 얼마 후 고향집으로 돌아가셨다.

몇 년이 지난 후, 할머니는 우리 곁을 떠나셨다. 웃음을 못 참는 병을 앓으셨다. 중풍의 일종이라는데 태어나서 한 번도 보지 못한 희귀병이었다. 할머니는 웃음을 못 참으셨다. 무엇이 그렇게 우스운지 자지러지게 웃었다. 숨이 넘어갈 정도로 고통을 수반하는 웃음이었다. 할머니의 의지로는 어쩌지 못하는 증상이었다. 그런 할머니를 지켜보는 내 가슴도 고통으로 일그러졌다.

할머니는 그 많은 병 중에 왜 하필이면 웃음병에 걸렸을까? 평생을 살아오시면서 웃을 일이 워낙 없어 한이 맺혔던 걸까.

일제강점기, 대부분의 사람들이 겪었던 가난이기에 우리 할머니도 예외가 아니었다. 나는 할아버지가 경제적 활동을 하는 모습을 단 한 번도 본 적이 없다. 자식들이 벌어오는 돈으로 평생을 무위도식하면서 사신 분이다. 인정미라고는 눈곱만큼도 없는 이기심으로 똘똘 뭉친 남편과 지독한 가난을 겪으며 팔 남매를 키워냈으니 무슨 웃을 일이 많았을까.

지금의 의술이면 할머니의 웃음병쯤이야 거뜬히 고칠 수 있지 않을까.

나는 그 이후로 웃음병을 앓는 사람의 이야기를 듣지도 보지도 못했다. 자신의 감정을 마음껏 표현하고 자존감 높게 사는 요즘이지만 힘들었던 옛날이 그리운 것은 무슨 연유인지. 오늘따라 할머니가 사무치게 그립고 보고 싶다.

기억 저편

요즘 나는 작은 시집 한 권에 정신을 빼앗기고 있다. 시집의 제목은 『볼 수 없는 풍경』이다. 나와 동갑내기인 시인은 외가 친척으로 어머니의 동생뻘 된다. 7년 가까이 시 공부를 게을리하지 않은 덕에 노년에 시집을 출간했다.

내가 그녀의 시집에 매료된 이유는 시 한 편 한 편이 시인의 삶과 연결고리가 되어 아름다운 작품으로 태어났기 때문이다. 그중에 나의 시선을 끈 작품은 「월선 언니」라는 시였다. 내 어머니를 모델로 삼은 시였기에 나에게는 특별한 여운이 남았다.

"월선아 담뱃불 붙여 오너라."

로 시작하는 이 시는 분명 내 어머니 이야기다. 어머니는 후사가 없었던 큰외가에 보내져 양녀로 자랐다. 큰외가는 당시 흔치 않은 동네 알부자였다. 노부부의 귀여움을 독차지했던 어머니는 어린 나이에도 불구하고 두 분의 담뱃불 심부름을 도맡았다.

"월선아 담뱃불 붙여 오너라."

고 하면 어머니는 할머니 방으로 냉큼 달려갔다. 꼭꼭 눌러 담은 긴 담뱃대를 들고 소죽 끓이는 아궁이 앞에 엎드려 뻐끔뻐끔 불을 붙여 가져다드렸다. 그러다가 담배에 맛을 들였는지 어릴 적부터 골초가 되고 말았다.

어머니는 열다섯 살에 얼굴도 모르는 새신랑과 혼인하여 첫날밤을 맞이했다. 어머니는 담배 생각이 어른거려 잠이 오지 않았다. 한밤중에 다담다담 신랑 담뱃갑에 손을 대고 말았다. 한 개비 빼무는데 잠든 줄 알았던 신랑이 말없이 불을 댕겨 주었단다. 훗날 이 이야기를 어머니로부터 전해 들은 시인은 이 정경을 아름다운 시로 표현했다.

새신랑이 헌신랑 될 때까지
월선 언니 아들 딸 낳고
세월 속마음 한 자락 이야깃거리
담배 연기로 모락모락 피어올랐다고 한다

그림: 김임선 화백

시의 끝 부분이 어머니를 떠올리게 했다.

「초복」은 다섯 줄 정도의 짧은 시지만 내 유년 시절의 아련한 그리움과 맞닿아 있어 내 마음을 애틋하게 했다. 지금도 보신탕집이 남아 있지만 고기가 귀하던 그 시절에는 집에서 키우던 개를 잡아 몸보신을 하는 것이 다반사였다.

하루는 시인의 집에서도 키우던 개를 잡아 복달임을 하기 위해 사랑방에 손님이 가득했다고 한다. 예상치 못한 일이 벌어진 것은 개를 잡고 난 후였다. 부엌에 있던 숟가락이 몽땅 증발해 버린 것이다. 개를 잡지 말라고 무던히도 조르던 시인의 작은오빠가 뒷담 밑 머위밭에 숟가락을 감추었던 것이다.

시인의 작은오빠는 눈썹이 짙고 얼굴이 잘생겼다. 아재는 소설가를 꿈꾸던 문학도였다. 우리는 성장한 후에도 가끔 만났다. 겨울밤에 모여앉아 입담 좋은 말솜씨로 많은 이야기를 들려준 아재를 잊지 못한다.

그때는 간식이 별로 없었다. 땅속에 묻어둔 동치미 한 사발 꺼내놓고, 배추 뿌리를 깎아 먹으며 긴 밤을 지새웠다. 배추 뿌리의 달콤하고 고소한 맛이 아직도 입가에 맴도는데 세월은 속절없이 가버리고 추억이 기억 저편에 서성이고 있다.

나도 어린 시절 이와 비슷한 경험을 했다. 초등학교에 가기 전이었다. 하루는 뜬금없이 개를 잡는다는 소문으로 마을이 술렁이기 시작했다. 그날 잡힐 개를 생각하니 어찌나 불쌍하던지, 아무런 대책 없이 하염없이 울기만 했다. 초복이라는 시를 읽으면서 지금 생각해 보면 아재처럼 기발한 행동을 못 한 것이 아쉽다.

시집에 실린 「문짝」이란 시는 또 다른 향수를 불러왔다.

시인에게는 임진왜란 때 귀화한 김충선(우록 김씨의 시조)의

후손들이 모여 사는 우록이라는 마을에 살고 있는 언니가 있었다. 시인은 「문짝」을 쓰기 전에 언니가 사는 집의 정경을 기억했다가 시작 노트를 쓰고 작품을 탄생시켰다고 했다.

 그네는 예쁜 여닫이 문짝이 달린 한옥에 살고 있었다. 그러다 주택 개조의 바람에 휩쓸려 큰방, 건넌방, 대청마루에 달린 문짝을 모두 뜯어내고 멋대가리 없는 알루미늄 창틀 문으로 바꾸었다. 거기다 반질반질한 대청마루 바닥도 시멘트를 발라 기름보일러로 바꾼 뒤 그만 마음의 병을 얻고 말았다. 그중 제일 아까운 것이 문살문이라고 하더란다. 가마솥밥 위에 호박잎이나 가지를 얹어 찌거나 군불솥에 물 데울 때, 굴뚝에서 피어오르던 하얀 연기를 다시는 볼 수 없었던 것도 우록 언니의 마음의 병을 키웠다. 지금 구순의 나이인 우록 언니는 아직도 과거에 집착한다고 한다.

 '문짝' 하면 아파트 숲속의 창문이 아니라 전통 한옥의 창과 문을 떠올리게 된다. 내게도 문짝에 관한 아쉬움이 남아 있다. 고향집 이웃에는 수채화가 한 분이 살고 있다. 우연한 기회에 그분 집을 방문했다. 세월의 흔적이 켜켜이 쌓인 문살 문짝 위에 그려진 그림에 반해 넋이 나간 적이 있다.

 아지매인 시인도 헌신짝처럼 버려진 여닫이 문짝의 행로를 추적하다 보니 어느 찻집 벽이나 천장에 매달려 있고, 문짝 위에 무거운 유리를 얹어 탁자로 변신해 사람들의 권태와 우수를 들어주며 누워 있더라고 시를 마감하고 있다.

  시대는 하루가 다르게 변한다. 아름다움에 대한 느낌도 달라지고 가치관도 바뀌고 있다. 도덕성의 기준도 모호하고 생각도 예전과 같지 않다. 내가 그렇게 소중하게 가꾸었던 기억 저편의 사건들은 이제는 하찮은 것이 되어 사라져 버릴지도 모른다. 하지만 나는 아지매가 쓴 시집을 붙잡고 상념에 빠진다.

노가수의 뮤즈카페

　요즘 건강에 이상징후가 자주 나타난다. 사는 게 재미가 없고 권태롭기만 하다. 흔치 않은 증상이다. 무엇이 내 마음을 흔들어 놓았는지 갈피를 잡을 수 없다. 이런 내 기분을 알기라도 한 건가? 친구가 서울 나들이를 가자고 했다. 마음이 허허로울 때 손 내밀어 주는 사람이 있어 반가웠다.
　가을을 좋아하고 노래 듣기를 즐기는 꽃할매 세 명이 수서행 기차를 탔다. 서울에 사는 막내 이모가 승용차를 타고 우리를 마중 나왔다. 처음 간 곳은 서울의 롯데타워였다. 하늘을 찌를 듯이 높이 솟은 건축물은 파란 하늘과 조화를 이루며 우리를 압도했다. 엘리베이터를 탔더니 눈 깜짝할 사이 전망대에 도착했다. 발아래 펼쳐진 조망은 실로 장관이었다.

세계 어디에 내놓아도 이보다 아름다운 강이 또 있을까. 강 위에는 많은 다리가 놓여 있었다. 한강 변에 늘어선 아파트 숲의 풍경과 사방을 에워싼 산세도 예사롭지 않았다.

　타워에서 점심을 먹고 이번 여행길에 가장 기대되는 문주란 '뮤즈카페'를 보기 위해 청평가도로 차를 몰았다. 꽃할매들은 모두 그녀의 팬이다. 어릴 적부터 노래를 부르기 시작했다는 문주란은 특유의 매력적인 중저음으로 불후의 명곡들을 남기며 팬들의 심금을 울렸다. 그녀의 집이 가까워진 모양이다. 북한강 기슭에 이층으로 지어진 건물이 시야에 들어왔다.

　늦가을의 짧은 해가 지면서 이내 어둠이 내리고 있었다. '카페가 문을 닫았으면 어쩌지' 하며 조마조마한 심정으로 달려갔다. 우려가 현실로 다가왔다. 한때는 팬들의 흥으로 들썩였을 마당에는 늦가을에 떨어진 낙엽만 수북이 쌓여 있었다. 모양새로 보아 이 집이 얼마나 오랫동안 비어 있었는지를 짐작하게 했다. 뒹구는 잎새들의 신세도 처량했지만 불 꺼진 창밖에는 스산한 바람이 불어 을씨년스럽기 짝이 없었다. 아쉬움이 밀려왔다. 아무런 사전 정보도 없이 무작정 달려 온 것이 패착이었다. 행여나 하고 문을 두드려 보았지만 굳게 닫힌 철문은 끝내 열리지 않았다.

이번 여행은 문주란 뮤즈카페에 한번 가보자는 데서부터 출발했다. 그녀의 카페에서 차를 마시고 라이브를 들으며 낭만을 즐겨보려 했던 우리의 꿈은 무산되고 말았다.

개미 새끼 한 마리 얼씬거리지 않는 포도를 지나 옆 건물로 들어갔다. 문을 밀고 들어와 보니 그 집도 적막 속에 휩싸여 황량하기 짝이 없는 찻집이었다. 문주란의 근황이 궁금했던 우리는 따끈한 레몬차를 주문한 후 그녀의 행방에 대해 물어보았다. 찻집 주인은 친절하게 답해 주었다. 얼마 전만 해도 카페 이 층에 기거하며 팬들을 맞이했는데 건강이 좋지 않아 이사를 가버렸다는 것이다. 우리는 그녀의 소식을 들은 것만으로도 위안을 삼으며 찻집을 나왔다.

살면서 슬픔과 기쁨이 교차하는 인생을 경험한다. 한때는 전성기를 누렸던 문주란도 건강을 잃어버려 지금은 어디선가 외로움과 사투를 벌이고 있을 것 같다. 그녀를 떠올리며 내 마음의 실체를 알게 되었다. '노년기에 접어든 내가 건강을 잃어버려 혹여 자식들에게 짐이 되면 어쩌지?' 하는 불안감이 나를 우울하게 만들었던 것이다. '건강을 잃으면 모든 것을 다 잃는다' 라는 말이 새삼 가슴에 박혔다.

지금은 백세시대라고 하지만 오래 사는 것이 결코 축복일수만은 없다. 건강하게 살다가 생을 마감할 수 있다면 얼마나 좋을까! 치매나 중풍 같은 치명적인 병을 앓아 내 의지대로 살아갈 수 없다면 삶이 무슨 의미가 있겠는가. 가을이 깊어지고 세월이 도망가듯 흘러가 버렸으니 허망한 생각이 들었다. 그렇다고 걱정만 하고 시간을 허비할 수는 없지 않을까. 희망을 가지고 살아야 한다는 생각이 불현듯 들었다.

아직도 황혼을 보면 아름답게 느껴지니 나는 여전히 행복한 사람이다. 가족과 주변의 많은 사람들에게 한없이 사랑을 받았음에도 불구하고 잠시 그 소중함을 망각한 것이 아닐까. 고마운 사람들에게 감사한 마음으로 살아가자! 이번 여행길에 소득이 있었다면 나에 대해 한번 성찰해 보는 시간을 가진 것이다. 돌아오는 차창 너머로 파란 하늘에 걸린, 빨갛게 물든 감 빛깔이 참 고왔다.

측은지심

남의 고통이나 어려움을 보면 우리는 함께 아파한다. 때로는 불쌍히 여겨 눈물을 흘린다. 이런 심성이 인간의 본성이라면 얼마나 다행한 일인가! 사람은 태어날 때부터 선하게 태어난다는 성선설을 믿어온 나는 '측은지심'이란 말을 좋아한다.

작가 지망생인 외손자가 있다. 외손자는 한국예술종합대학 입학을 목표로 글쓰기 공부를 게을리하지 않았다. 아무나 쉽게 들어갈 수 있는 대학이 아니어서 녀석이 얼마나 글을 잘 쓰는지 한번 보고 싶었다. 하지만 제 부모에게도 글을 공개하지 않아 나의 바람은 무산되었다.

손자가 목표로 하던 대학에 응시했다는 소식을 듣고 기다리던 중에 합격의 기쁜 소식이 날아들었다. 시험에 출제된 문제가 바로 '측은지심'이었다 한다. 옛날 과거 시험에 방(傍)을 내걸듯 하나의 주제를 주고 일정 시간 내에 글을 완성하여 평가를 받는 시험 같았다. 외손자에게 합격의 영광을 안겨준 그 글을 나는 꼭 보고 싶었다. 손자를 졸라 글을 받아내는 데 성공했다.

글의 내용은, 중학교 때 일어난 실제 상황을 기술하고 있는 장면이었다. '구름이 전부 바뀐 듯 새벽부터 눈이 쏟아지던 날이었다'고 운을 떼고 있었다. 손자는 학교에서 버스 운행이 중단되어 등교 시간이 늦춰졌다는 문자를 받았다. 마치 공휴일이라도 만난 듯 친구들을 집 앞에 있는 빵집 앞으로 모이게 했다. 눈덩이를 굴리며 놀다가 예기치 못한 일이 발생했다. 빵집 유리창을 왕창 깨트리고 만 것이었다. 도망치고 싶었지만 너무나 큰 사고에 발이 떨어지지 않았다고 했다. 순간 친구 A가 "걱정 마. 내가 총대 멜게." 하며 나섰다. 왜? 라는 의문이 들었지만 상황을 모면할 수 있다는 생각에 친구들은 입을 꾹 다물었다고 고백했다.

그 일이 A를 하루아침에 동네 제일의 문제아로 만들 줄이야! 여론이 조금씩 조금씩 나빠지더니 날이 갈수록 모든 게 당연해졌다고 한다. 머리를 녹색으로 염색하고 오토바이를 타고 다니며 패싸움을 벌여도 A의 행보에 의문을 제시하는 사람은 아무도 없었다고 했다.

결국 일은 터지고 말았다. 불안 섞인 웅성임에 눈을 뜬 것은 그로부터 얼마 후 새벽이었다. 창밖을 내다보자 손자의 눈에 비친 것은 새벽하늘을 향해 쭉 뻗고 있는 불덩어리였다. A의 집이란 걸 단박에 알아차린 외손자는 이내 밖으로 뛰쳐나갔다. 평소 경멸 어린 눈으로 A를 바라보던 동네 사람들도 걱정스러운 표정으로 A의 집을 올려다보고 있었다. 여기저기를 헤집고 다니며 친구의 행방을 물어봐도 아무도 아는 이가 없었다. 나중에는 소방관 아저씨에게 달려갔는데 거기서조차도 "집 안엔 아무도 없었어!"라는 말 한마디뿐이었다.

다음 날 TV에서는 가정불화로 자신의 집에 불을 지른 중학생에 대한 뉴스가 흘러나왔다. 불길한 예감에 사로잡힌 외손자가 A에게 전화를 걸었지만 받지 않았다. 침대를 향해 휴대폰을 던지려던 순간, 외손자의 전화벨이 울렸다. A였다.

"잘 지냈어?"

A의 물음에 처음 이 동네에 이사 왔을 때가 스치고 지나갔다. A네 가족이 외손자가 살고 있는 아파트로 이사를 왔던 모양이다. 이삿짐 트럭 옆에 쪼그려 앉아있던 외손자에게

먼저 다가와 인사를 건네던 그 목소리였다. 어린 시절 순수하게 만난 두 아이는 서로 마음이 통했나 보다.

"정신과 치료받고 정상이 되면 다시 나랑 친구 해 줄래?"
"우리는 지금도 친구야."

외손자의 말에 A의 어색한 웃음소리가 들리다가 대답도 없이 전화가 끊어졌다고 글을 마감하고 있다.

글을 다 읽은 나는 가슴이 아리다 못해 안타까움과 분노가 밀려왔다. A가 총대를 메겠다고 했을 때 아이들은 왜 모든 책임을 A에게만 미루고 뒤로 숨었을까.

어른들은 왜 또 거기에 편승하여 나쁜 쪽으로 A를 몰고 갔을까. A는 철저히 피해자였다. 얼마나 참기 힘들었으면 자기 집에다 불까지 지를 생각을 했을까. 불이 이웃까지 번져 남에게 재산 손실과 고통을 주었다면 어떻게 그 일을 감당할 것인가? 아쉬움에 가슴이 먹먹해졌다. 그나마 외손자가 A에게 말했다는 글의 마지막 구절이 훈풍처럼 내 마음을 쓰다듬었다.

"우리는 지금도 친구야."

아무쪼록 두 아이의 마음속에 측은지심의 선한 심성이 햇살처럼 번지기를 기원한다.

버드나무

수성못 둑길을 산책 중이다. 3월 초입이라 공기가 차다. 능수버들 몇 그루가 내 시선을 붙잡는다. 실처럼 길게 늘어뜨린 가지에 돋아난 연둣빛 잎새가 봄을 재촉하고 있다. 나무 앞에 걸음을 멈추고 지난했던 나의 결혼생활과 수양버들에 대한 애환을 떠올려본다.

대학 졸업을 앞둔 해였다. 작은어머니의 중매로 한 법대생을 만났다. 이듬해 그와 결혼식을 올렸으나 신혼의 단꿈은 한상이었을 뿐, 고된 시집살이가 나를 기다리고 있었다. 시댁은 강을 끼고 있는 작은 마을이었고 식구는 큰머슴 쏠머슴을 포함해 열 명이 넘는 대가족이었다. 마을은 탱자나무 울타리가 미로처럼 둘러쳐진 곳에 과수원이나 유실수 묘목을 키우는 농가가 대부분이었다.

정치에 뜻을 두신 시아버님은 민의에 의해 기초단체장으로 당선되었지만 군사 정권하에서 해임되었다. 그러나 아버님은 좌절하지 않고 마지막 남은 농장에 관상수를 심으셨다. 새벽부터 어둠이 내릴 때까지 하루도 빠짐없이 일을 하셨는데 그 집요함은 아무도 따를 수 없었다. 농장은 하루가 다르게 변해 갔다. 향나무가 제일 많았고 전나무, 배롱나무, 은행나무 등 키 큰 나무 밑에는 동그랗게 전정한 회양목이 즐비했다. 아버님의 피와 땀으로 키운 농장은 훗날 우리 부부가 운영하는 진흥식물원의 모태가 되었다.

사법고시에 실패한 남편은 꿈을 접고 현실에 안주하기 시작했다. 가업을 잇기로 마음먹고 전국을 누비며 조경사업에 몰두했다. 반면 시집살이가 힘겨웠던 나는 몸과 마음이 지치면서 단조로운 일상에 회의가 들었다. 이를 지켜본 아버님이 분가를 하라고 하셨다. 벼농사를 짓던 두 마지기도 되지 않는 무논을 구입해 물을 빼고 밭처럼 만들어 기거할 집을 세웠다. 작은 방 두 칸에 부엌이 딸린 농막이 우리의 보금자리였다. 들판은 수도도 전깃불도 들어오지 않은 도시 속의 오지였다.

본원에 있던 나무 일부를 우리가 마련한 농장으로 옮겨

심었다. 우리 부부는 오뉴월 뙤약볕 아래서 김을 매느라 구슬땀을 흘리면서도 고단한 줄 몰랐다. 잘 자라준 식물 덕분에 작은 농장의 모습으로 변해 갔지만 경제적 어려움은 가혹한 현실이었다. 가세가 기울어 있는 시댁에 도움을 청할 수도 없었고 이제는 우리 힘으로 살아야 한다는 생각에 부지런히 몸을 움직였다.

그 당시 정부의 경제개발계획에 맞물려 도심 녹화사업으로 도로를 정비하고 가로수를 심던 시절이었다. 나무가 귀했다. 여기에 착안한 남편은 빨리 성장하는 버드나무를 사 모으기 시작했다. 곳곳에 흩어져 있는 수양버들을 구매해 오는 일은 순전히 나의 몫이었다. 남편은 공사를 따기 위해 전국을 다니며 동분서주했다. 버드나무가 어디에 있는지 알 턱이 없었던 나는 묘목을 소개하는 중개인의 말만 믿었다. 새벽잠까지 설치며 인부들이 먹을 새참과 식사를 준비하고 간 곳에는 버드나무 대여섯 그루가 서 있는 경우가 허다했다. 허풍을 떠는 말에 속아 교통비까지 대어 준 것이 한두 번이 아니었지만 나는 나무 수집을 멈추지 않았다.

버드나무의 원산지는 중국이라고 한다. 그러나 우리나라 나무처럼 친근감이 들었다. 나무의 끈질긴 생명력이 마음에 들었다. 봄날에 가지를 잘라 심어도 이내 뿌리를 내린다. 유

독 물을 좋아해서 개울가나 습지에 잘 자란다. 내 나름대로 버들의 종류를 크게 세 가지로 분류해 보았다. 능수버들은 가지가 가늘고 길어서 실버들이라고 불린다. 수양버들은 능수버들만큼은 아니지만 선과 자태가 고와 여성스럽다. 왕버들은 일명 떡버들이라고 불리는데 가지가 별로 처지지 않고 위로 뻗어 남성의 기상을 연상시킨다.

어느 해 청송 주왕산으로 나들이를 갔었다. 수령 이백 년이 넘었다는 왕버들 수십 그루가 주산지에 몸을 맡긴 채 처연하게 서 있었다. 내가 버드나무를 모을 때 왕버들은 버드나무 반열에 오르지도 못했다. 어쩌다가 공사장에 한두 그루라도 심어지면 불합격 처리되어 이내 뽑혀 버렸다. 그렇게 홀대받던 왕버들이 천연기념물로 지정되어 만인의 칭송을 받으며 서 있다니! 사람이든 물건이든 어떤 위치와 시절에 따라 값어치가 달라진다는 것을 보면 격세지감을 느낀다.

버드나무는 내 인생의 홈런을 날려 주었다. 혼신을 다해 모은 버드나무로 가로수 식재 공사를 순조롭게 마무리하여 목돈을 마련했다. 농장을 구입하고 새집 장만에 밑천이 되어 준 것이 바로 버드나무였다. 지금은 느티나무와 벚나무에게 자리를 내어주었지만, 한때는 가로수로 많은 사람들의 사랑을 한없이 받았던 시절이 있었다. 그때를 떠올리니 나뭇등걸 사이로 남편의 얼굴이 겹치면서 그와 내가 버드나무를 찾아 헤매던 지난날의 영상이 파노라마처럼 펼쳐진다.

죽지 못해 산 나무

캐나다 여행을 할 때, 컬럼비아 빙원에 오르는 일정이 있었다. 설상차를 탔다. 6월 중순부터 9월까지만 운행한다는 힘 좋은 스노모빌이 경사진 둔덕을 한달음에 올라섰다. 빙하 위로 올라선 것은 특별한 경험이었다. 두꺼운 점퍼와 모자를 쓰고 완전 무장을 했는데도 한기가 느껴졌다.

빙하 위에서 크레바스(빙하 표면에 갈라진 틈)를 처음 보았다. 좁은 틈새가 깊이를 측량할 수 없을 만큼 이어져 있었다. 주로 빙하의 운동이 급격하게 일어나는 곳에 생긴다는 균열 현상은 등반가들에게 함정이 될 수도 있어 위험하다. 만약 저 곳에 빠진다면? 상상만 해도 끔찍하고 무서웠다.

빙원을 둘러보고 내려오는 길에 가이드가 분위기를 바꾸

려고 재미있는 우스갯소리를 했다. 주위에 서 있는 나무에 대한 이야기였다. 캐나다는 밀림지대가 많다. 빽빽하게 서 있는 나무들을 다섯 가지로 요약해 재치 있게 설명했다. 등 떠밀려 죽은 나무, 제풀에 죽은 나무, 목말라 죽은 나무, 간신히 사는 나무, 죽지 못해 산 나무 등이라고 했다. 간신히 사는 나무는 그래도 살아야 할 목표가 있어서 산다지만, 죽지 못해 사는 나무는 운명에 맡기는 수밖에 더 있겠는가. 그중에 '죽지 못해 산 나무'가 내 마음을 아리게 했다.

   가이드의 이야기를 들으면서 내려오다가 죽지 못해 살아 있는 나무를 실제로 보았다. 여린 단풍나무가 벼랑 끝에 매달려 있었다. 칼날같이 매서운 찬바람에 오들오들 떨면서 온 몸으로 바람과 맞서고 있었다. 말 못 하는 식물이지만 살아 있기에, 생명의 끈을 놓아버릴 수가 없었던 것일까.

   빙하 주위에 있는 나무는 기온이 낮아 생장이 느리다고 했다. 한겨울에는 영하 50도까지 내려가기 때문에 나무는 빙하의 반대 방향으로 굽어서 가지가 한쪽으로 기우는 깃발 현상이 일어난다고 했다. 그러나 가느다란 나무를 잘라보면 나이테가 촘촘해 육안으로는 식별이 불가능하고 전자현미경으로 관측할 수 있는데, 수백 년이 지난 긴 세월을 살아왔음을 보여준다고 했다.

   사람도 저 나무처럼 죽지 못해 사는 경우가 있다. 불현듯 수십 년 전 한겨울에 오들오들 떨면서 살던 순복 할머니의 얼굴이 나무 위로 겹쳐 지나갔다. 할머니는 우리 집 문간방에 세 들어 혼자 살았다. 그때는 난방용으로 연탄을 사용했다. 연탄도 마음껏 땔 수 있는 가정이 흔치 않은 시절이었다. 피붙이 하나 없이 사시던 할머니는 연탄 한 개를 새끼줄에 꿰어 한 장씩 사다가 불을 지폈다. 어쩌다 십여 장의 연탄을 부엌 귀퉁이에 쌓아두는 날에는 부자가 된 듯 행복해했다. 할머니 방이 싸늘한 날이면 나도 가슴이 아팠다.

  우리 집에서도 연탄을 아끼려고 아궁이 구멍을 될 수 있는 대로 틀어막았다. 아랫목만 겨우 냉기를 면할 뿐, 윗목은 언제나 냉골이었다. 방 안에 둔 물걸레가 꽁꽁 얼어 있었으니 그 시절 몸과 마음의 추위를 요즘 사람들은 짐작이나 할까? 모진 추위에서도 할머니는 살아냈다. 할머니는 푸념처럼 "죽지 못해 산다."고 늘 말씀하셨다. 그때는 그 말의 의미를 이해하지 못했다.

  살아있는 것이 장하다! 생존경쟁에서 등 떠밀려 죽지 않았고, 밀도 높은 밀림에서 제풀에 죽지 않았으며, 적당히 수분을 취하면서 목말라 죽지 않았다. 할머니뿐 아니라 우리 어머니 세대는 세찬 비바람 이겨내고 질기게도 살아냈다. 혹독한 추위 견뎌내며 죽지 못해 산 나무가 생명의 끈질긴 이야기를 들려주는 것 같았다. 다시 한번 나무를 돌아보며 비탈진 산길을 내려왔다.

고향 땅에 집을 짓고

　문패가 붙은 고향 집 앞에 도착하자 아득한 유년의 그리움과 감동이 밀려왔다. 이게 꿈인가, 생시인가. 날아갈 듯 새로 단장한 이 집은 하늘에서 뚝딱 떨어진 게 아닐까? 이 집을 짓기까지 고단했던 일들이 파노라마같이 스쳐갔다.

　이곳 지명은 그때나 지금이나 통점골이다. 내가 어렸을 때는 사람들이 통상 통지미라고 불렀다. 이곳은 내가 태어나기 전 할아버지 때부터 이어져온 땅이었다. 이곳의 논은 수리시설이라고는 전혀 없는, 오직 하늘의 비만 기다리며 농사를 짓던 자잘한 논배미들이 산비탈을 따라 계단으로 이어진 다랭이논이었다. 깊은 산골의 논들은 대부분 다랭이논이었지만 지금은 거의 사라지고 없다. 남해와 가천 등 몇 곳이 자연 생태 보존지역으로 지정되어 관광자원으로 활용될 뿐이다. 지금은 평야에 농경지 작업으로 바둑판처럼 반듯반듯한 논들이 넘쳐나는데 다랭이논이 굳이 존재할 이유가 없는 것이다.

일제강점기는 수탈이 극에 달하여 너 나 할 것 없이 지독한 가난을 겪으며 근근이 연명하던 암울한 시기였다. 아침밥 저녁 죽을 먹을 정도면 그런대로 형편이 나은 집이었다. 산천에 풀뿌리는 남아나지 않았고 소나무 껍질을 벗겨 허기진 배를 달랬다. 가뭄으로 논바닥이 쩍쩍 갈라질 때면 농민들의 가슴도 타들어갔다.

할아버지는 8남매를 두셨다. 대가족이 먹고 살기에는 턱없이 부족한 이 땅에 생명줄을 달고 살았으니, 그 궁핍함이 오죽했으랴. 관솔은 전쟁에 기름으로 공출되었고 송기라는 속살은 식용으로 대신했다. 소나무들은 허기진 사람들의 난도질에 허연 속살을 드러내며 도처에 서 있었다. 아직도 그 상처의 흔적이 곳곳에 남아있다. 멀리 갈 것도 없이 청도 운문사 절 입구에 늘어선 낙락장송 소나무들도 그때의 상처가 다 아물지 못한 채 아직도 남아 있다.

고단한 삶을 견뎌내지 못한 아버지는 무작정 대구로 떠나셨다. 남달리 성실하고 부지런했던 아버지는 적잖은 돈을 모

아 고향으로 돌아오셨다. 아버지는 나와 동생이 태어난 후 통점골 아랫동네 뒷동산 자락에 초가집을 짓고 기름진 논 네 마지기도 장만했다. 해방의 기쁨도 잠시, 동족상잔의 6.25도 겪으면서 질주하듯 세월은 지나갔고 1970년 중반 나를 제외한 5남매 모두가 부모님과 함께 미국으로 이민을 했다.

홀로 남은 나는 가족들을 그리워하며 많은 가슴앓이를 했다. 내게도 자식들은 줄줄이 태어났고 그들에게 정을 붙이며 살아갈 즈음 고국을 지킨 상이라도 내리듯 고향 땅이 내게로 왔다. 이 땅은 그 옛날 천수답인 다랭이논이다. 벼를 심던 논에는 풀씨들이 날아와 우거지면서 서서히 잊혀졌다. 수십 년을 지나오는 동안 잡목이 우거진 쓸모없는 산으로 변해 버렸던 것이다. 나는 이 땅을 정비하기 위해 많은 비용과 시간을 투자하는 데 주저하지 않았다. 그리고 이렇게 결심했다.

"이 땅에 집을 짓자."

한때는 자식들의 반대에 부딪혀 좌절하기도 하고 마음이 상할 때도 있었지만 나는 끝내 의지를 꺾지 않았다. 더 이상 새로운 고생을 하지 않기를 바라는 그들의 충정에서 나온 행동이었기에 훗날 이 반대를 자식들의 사랑으로 기억할 것이다.

나는 오늘도 창문을 열어젖히고 귀는 계곡물 소리에, 눈은 호수 위를 바라본다. 찬란한 햇살이 수면 위로 쏟아지면 반짝이는 빛의 조화가 마술을 부리듯 수면 위를 가득 채운다. 산골에 홀로 사는 재미도 꽤나 쏠쏠하다. 남을 간섭하지도 받지도 않으며 사는 이 자유로움. 이곳은 크게 욕심 부릴 게 없다. 자연이 모든 걸 해결해 주기 때문이다. 약간의 쌀과 된장만 있으면 살아지는 곳이다. 나는 텃밭에 기본적인 채소 몇 가지는 꼭 심는다. 작은 뚝배기에 된장 끓이고 상추 몇 잎, 풋고추 몇 개면 진수성찬이 부럽지 않다. 심심풀이로 집 주위 구석구석을 누비며 부지런히 호미질을 하노라면 까치 한 마리가 서성이며 힐끔거리기도 한다.

"밭 하나는 잘도 매는구먼."

하는 눈치다.

2부
난설헌에게

윗집 아우

손가락에게

선지

난설헌에게

제사와 기념일

허기

지슬 생활의 중도

참, 좋다

윗집 아우

 나이가 들고 보니 자연이 그리워졌다. 시골에 집을 지어 채소 키우는 재미로 살고 싶은 꿈을 꾸게 되었다. 그런데 해발 400m가 넘는 고지에 이웃 하나 없이 살아갈 용기가 나지 않았다. 땅을 장만해 놓고도 망설이고 있었다. 옆에 누군가 먼저 집을 한 채 지어 주었으면 하는 바람에 목이 탔다.
 어느 날, 오랜만에 고향땅을 밟은 나는 반가움에 눈이 번쩍 뜨였다. 우리 땅 앞 모퉁이를 돌아서는 곳에 이층으로 지어진 목조 건물이 번듯하게 세워져 있는 게 아닌가! 내가 못 온 사이, 누군가 부지런히 집을 지은 모양이었다. 집주인이 누구인지 알 수는 없었지만 나는 그분께 고맙다는 말을 여러 번 읊조렸다. 아랫집 덕분에 용기 내어 나도 산골에 보금자리를 마련했다. 노부부 두 분이 기거를 했는데 그들이 가끔 들러 말벗이 되어 주었지만 그래도 이웃이 두어 집 더 있으면 좋겠다는 생각이 들었다.

그러던 어느 날, 해거름에 우리 집 발머리를 서성이는 남녀가 있었다. 사람의 발길이 뜸한 곳이라 누구인지 궁금했다. 우리 집 위에 있는 땅이 팔렸다고 소문이 나돌더니 그 땅을 매입한 분들이 아닐까 하는 생각이 들었다. 그들은 부부였고 내 예감은 적중했다.

부부는 산과 맞닿은 맨 꼭대기에 집을 세웠다. 흰색으로 포인트를 준 외관은 현대적인 느낌을 주어 멋스러웠다. 젊고 미모가 예사롭지 않은 안주인은 자기 집 분위기와 많이 닮아 있었다. 그녀는 꽃을 무척 사랑하는 여인이었다. 봄이 오면 집 안팎으로 갖가지 꽃을 심어 천국이 따로 없었다. 무릉도원 같은 그 집에 드나들면서 우리는 친구가 되었다. 딸 또래로 보이는 그녀는 나를 형님이라 부른다. 나이 든 사람을 예우하는 배려심이 아닌가 싶다. 나도 그녀를 아우라 부른다.

그녀는 집 안에 키우는 꽃 이름은 물론이고 들에 피는 야생화며 풀이름까지 훤히 꿰고 있다. 어릴 때 고향을 떠나 줄곧 도시에만 살아온 나는 이른 봄에 올라오는 쑥이나 냉이 정도밖에 모른다. 달래를 눈앞에 지천으로 두고도 몰라보는

숙맥이다. 아우는 산길을 오갈 때면 눈에 띄는 대로 야생화나 들풀의 이름을 내게 알려준다. 개망초, 민들레, 씀바귀꽃, 새뜨기풀, 도깨비풀, 돌미나리, 꽃 이름도 각양각색이다. 아우는 꽃 인심도 후하다. 여린 봉숭아 모종을 분양해 주었다. 돌담 밑에 심었더니 빨강, 보라, 분홍, 흰색의 꽃을 피웠다.

아우는 맛집과 카페가 어디 있는지 구석구석 모르는 곳이 없다. 차가 없는 나를 태워 가끔씩 드라이브도 시켜준다. 하루는 손님과 차를 마시다 갑자기 다기가 사고 싶어졌다. 항상 그랬듯이 윗집 아우에게 부탁을 했다. 생활 도자기를 굽는 가마를 찾아갔다. 매장에는 아버지와 아들의 작품이 혼재되어 우리를 반겼다. 그중에 현대적 기법이 돋보이는 아들의 작품 몇 점을 구입했다. 앙증맞은 진열대에 올려놓고 수시로 바라보니 다기 세트도 나를 보고 웃는다. 작은 것에서 나누는 행복이 쏠쏠하다.

그녀는 찢어진 청바지가 잘 어울리는 멋쟁이다. 한때는 승마도 했단다. 아직도 젊고 예뻐서 옆에만 있어도 기를 듬뿍 받는 기분이다. 산골의 청정한 공기가 보약이 되었을까. 언제나 밝고 씩씩하게 사는 모습이 보기가 좋다. 바라보는 나도 덩달아 행복하다. 그녀는 나의 스승이기도 하고 때로는 좋은 친구도 되어준다. '먼 친척보다 이웃사촌이 낫다'는 말을 실감한다. 윗집 아우는 멀리 떨어져 있는 자식보다 더 살가운 사람이다. 내일은 아우를 초대해서 그녀가 좋아하는 빨간 장미 한 송이 꽂아 두고 자스민 향 그윽한 차 한잔 대접해야겠다.

손가락에게

 초봄부터 시작된 손가락 통증이 좀처럼 호전될 기미를 보이지 않고 있다. 처음 왼손 가운뎃손가락 하나가 조금 불편했을 때는 대수롭잖게 여겼다. 하지만 옆에 있는 넷째와 새끼손가락이 따라 아프기 시작하자 사태의 심각성을 느꼈다. 곧바로 정형외과를 찾았다. 의사가 잠시 손을 살펴보더니,
 "손을 너무 많이 쓰셨네요. 앞으로는 손을 아끼셔야 합니다."
 이런 환자는 흔히 본다는 듯 이내 진단을 내렸다. 나는 속으로 금방 수긍이 갔다. 내가 손가락에게 얼마나 몹쓸 죄를 지었는지를 잘 알고 있었기 때문이다.
 고향땅에 집을 짓고 조그마한 텃밭을 일구었다. 해마다

봄이 오면 기본적인 채소 몇 가지를 심었다. 문제는 땅심이 얕고 밑에는 돌이 많다. 수시로 돌을 주위내었건만 아직도 자잘한 돌이 수없이 박혀있다. 올해는 채소를 심기 전에 땅을 파헤쳐 돌을 더 골라내고 땅심을 부드럽게 해주리라. 그러면 반드시 그 보답으로 채소도 잘 자라 줄 것이라는 바람으로 일을 벌였다.

땅을 파는 작업은 통상 오른손이 한다. 호미로 흙을 파헤치는데 오른쪽 손목이 시큰거려 도저히 손을 쓸 수가 없었다. 천성적으로 일 욕심이 많은 내가 화근을 자초했다. 왼손으로 땅을 후벼파서 돌을 들어내어 밭 가로 던졌다. 다시 구덩이를 파고 던져진 돌을 흙으로 덮어 감쪽같이 묻어 버렸다. 이런 단순노동을 해가 뉘엿할 때까지 수없이 반복했다. 텃밭 하나가 다 마무리되어서야 일손을 놓았다. 오직 왼손에만 그 많은 일을 감당하게 했는데 며칠 후 왼손가락이 아프기 시작했다.

오래전 이야기다. 오른쪽 엄지손가락 밑부분이 인대가 끊어져 애를 먹은 적이 있었다. 집 안에 유리로 만든 예쁜 조형물 하나가 있었는데 위치를 조금 바꾸어 보려고 무리하게 들다가 깨어지면서 오른손 엄지를 내려쳤던 것이다.

성형외과에서 봉합수술을 받고 손을 쓰지 않기 위해 팔목

까지 깁스를 했다. 손가락이 다 나을 때까지 불편함을 감수해야만 했다. 엄지손가락 하나가 받쳐 주지 않으면 나머지 손가락은 거의 무용지물이다. 엄지손가락이 다른 네 손가락과 거의 맞먹는 역할을 한다. 엄지가 거들어 주지 않으면 물건을 잡을 수도 들 수도 없다. 더구나 오른손이 아프니 그 불편함은 배가 되었다. 그때 손가락 하나의 소중함을 뼈저리게 느꼈음에도 불구하고 완치되고 나니 언제 그랬냐는 듯이 까맣게 잊고 살았다.

나는 나무를 생산하고 키우는 직업을 갖다 보니 심하게 손을 부려 먹었다. 나무 한 그루를 키우기까지 온갖 정성이 들어간다. 씨를 뿌리고 삽목이 잘 되는 나무는 가지를 잘라 심었다. 새 흙에 적응할 때까지 내 손은 많은 시련을 겪어야 했다. 봄부터 서리가 내릴 때까지 풀과의 전쟁을 해마다 치르며 얼마나 손을 혹사했던가. 그뿐만 아니다. 태산같이 쌓인 집안일도 모두 감내하며 묵묵히 버텨준 내 손가락에게 고맙다는 말 한마디 해준 적이 없다.

우리 몸에서 가장 정교한 부위가 손이다. 손은 아주 작은 일부터 힘쓰는 일까지 도맡아 하지만 한 손으로 모든 걸 감당하기엔 힘이 달렸나 보다. 힘들 땐 옆에서 누군가 조금만 거들어줘도 큰 힘이 된다. 내 왼손도 그때 오른손이 조금만 힘을 보태어 주었으면 왼손가락의 반란을 막을 수 있지 않았을까. 때늦은 후회와 미안한 마음에 아픈 내 왼손가락을 오른손으로 꼭꼭 만져 주며 화해를 청해 본다.

선지

 그해 여름은 유난히 덥고 지루했다. 삼복 때가 되니 불볕더위는 절정을 이루었다. 기온이 40도를 넘어섰다는 폭염 경보와 함께 야외 활동을 자제하라는 안전 안내 문자가 휴대폰을 울렸다. 이럴 때는 굵은 소나기 한줄기라도 퍼부어주면 좋으련만, 야속하게도 당분간은 비 소식이 없다. 어디를 가면 잠시나마 더위를 피할 수 있을까? 번개처럼 생각나는 곳이 있었다. 지상철을 타고 실버극장에서 영화를 보고 맛난 것을 먹고 오자는 계획을 세웠다.
 먼저 지갑을 좀 채워야겠기에 단지 내에 있는 자동인출기로 향했다. 문을 여는 순간 시원한 찬 공기가 폐부까지 스며드는 찰나, 예년엔 볼 수 없었던 희한한 장면을 목격했다. 한

평 남짓한 공간에는 중학생 또래의 아이들 7~8명이 제집 안 방인 양 벽 쪽에 나란히 붙어 앉아 휴대폰에 눈을 꽂은 채 더위를 식히고 있었다. 아침 뉴스에서도 은행이건 도서관이건 관공서마다 피서를 위해 고객이 몰린다는 보도가 있었다.

실버극장도 예외가 아니었다. 평소에는 드문드문 보이던 관객이 빈자리가 없을 정도로 자리를 메우고 있었다. 관람료 2,000원에 영화도 보고 피서를 즐기는 일거양득의 효과를 누릴 수 있기 때문이었다.

영화는 미국의 전설적인 배우 마릴린 먼로가 출연한 〈버스 정류장〉이었다. 1956년대에 만들어진 먼로의 초기 작품으로 태어난 후 한 번도 집을 떠나 본 적이 없는 순진한 시골 청년이 어느 클럽 여가수와 지고지순한 사랑을 하는 내용이었다. 이 영화에서 보여준 연기력 덕분에 마릴린 먼로는 후일 많은 영화에 출연할 수 있었다 한다.

영화관에서 나와 대구의 전통 음식인 선짓국밥집에 들렀다. 그나마 혼자 먹기에 부담이 없고 평소 좋아하는 음식이라 시내에 나오면 출출할 때 한 번씩 먹고 온다. 뚝배기에 담긴 국밥을 마주하고 앉으니 50년도 더 된 흘러간 기억 저편의 사건 하나가 어제 일처럼 떠올랐다.

신혼 때의 일이다. 결혼 후 처음으로 남편과 나는 극장에 갔다. 아직도 그 자리를 지키고 있는지 알 수 없지만, 당시에는 교동시장 부근에 송죽극장과 자유극장이 인접해 있었다. 두 극장이 중요했던 것은 우리의 영화 취향이 너무나 달랐기 때문이다. 남편은 서부영화를, 나는 로맨스 영화를 좋아했다. 때마침 마주 보다시피 서 있는 두 극장에서는 한쪽은 서부영화를, 다른 쪽은 멜로물을 상영하고 있었다. 로맨스 영화를 보고 싶었던 내가 먼저 남편에게 각자 자기가 보고 싶은 영화를 보고 극장 앞에서 만나자고 했다. 타협의 여지가 없다는 것을 간파한 듯 남편은 순순히 나의 제안을 받아들였다.

여기까지는 별문제가 없었다. 정작 사건이 일어난 것은 식사 자리에서였다. 그때나 지금이나 내가 국밥 속의 선지를 좋아한 것이 화근이었다. 선지는 소의 피를 엉킨 것으로 주로 해장국을 좋아하는 남자들에게 인기가 많다. 그날따라 선지가 내 입에 맞았던지 그릇을 다 비워갈 무렵 종업원을 불렀다.

"여기 선지 좀 더 주세요."

내 말이 떨어지기 무섭게 남편이 불같이 화를 내며 던진 말,

"무슨 여자가 선지를…."

단지 이 말 한마디를 내뱉고는 성난 얼굴로 휑하니 밖으로 나가버렸다. 그러고는 돌아오지 않았다. 얼떨결에 일격을 당한 나의 비참함이라니, 젊은 여자가 선지를 좋아하는 모습이 그렇게나 충격적이었을까? 물론 신혼의 아내가 남편 앞에서 선지를 먹는 모습이 그리 매력적이지는 않았을 것이다. 그래도 그렇지, 그것이 화를 내며 자리를 박차고 나갈 일이었을까.

당시에는 몰랐다. 무엇이 남편의 심사를 꼬이게 했는지

를. 모든 원인은 내게 있었다. 두어 시간 남편과 함께 서부영화 한 편쯤은 봐줄 수도 있었는데 말이다. 그런 나의 알량한 이기심과 옹졸함이 남편을 서운하게 만들었던 모양이었다. 합리, 논리보다 더 중요한 건 서로 배려하고 양보하는 마음이란 걸 세월이 흐른 후에 알았다. 이제 와서 후회해도 소용없는 일이지만 우리는 왜 중요한 건 세월이 지나야 알게 되는지 모를 일이다.

난설헌에게

난설헌 님.

님께서는 1563년 조선조 중기에 태어나셨으니 오백 년 가까운 세월이 흘렀습니다. 지금에 이르러 제가 왜 난설헌 님을 제 마음 한편에 고이 간직하고 싶은 충동이 일었는지, 소회를 밝히자면 이러합니다.

일찍이 서예에 심취한 외삼촌이 손수 쓴 족자 한 점을 인편으로 보내왔습니다. 족자는 폭이 50센티미터쯤 되고 길이는 벽의 길이만큼이나 길어 아끼던 그림 한 점까지 떼어낸 후에야 제 집 벽면에 자리를 잡았습니다.

하얀 화선지 위에 까만 먹물을 머금고 한문漢文 행서行書로 쓰인 7언시 4구절, 시는 놀랍게도 오백여 년 전 님께서 손

수 쓰신 「채연곡採蓮曲」이었습니다. 본명이 초희楚姬이고 자자는 경번景樊, 바로 난설헌 님이었지요.

秋淨長湖碧玉流
荷花深處繫蘭舟
逢郎隔水投蓮子
恐被人知半日愁

가을날 맑고 넓은 호수에 옥과 같이 푸른 물이 흐르네
연꽃 우거진 곳에 배를 대어 놓고 있던 차에
물가에 사내가 지나가네 연밥을 따서 던졌다네
누가 봤을까 봐 반나절이나 근심스러웠다네

이 시를 만나기 전까지 저는 그저 난설헌 님을 우리나라 최초의 한글 소설 『홍길동전』을 쓰신 허균의 누님으로만 알았습니다. 한문 해독이 어려웠던 터라 외삼촌의 힘을 빌려 시의 내용을 숙지한 후 적잖은 충격을 받았지요. 시에는 내 젊은 날을 연상케 하는 대목이 있었기 때문입니다.
  난설헌 님.
  「채연곡採蓮曲」은 님께서 처녀 때 쓴 시일까요? 청춘을 구가하던 어느 청명한 가을날, 맑고 넓은 호수에는 옥과 같이 푸른 물이 흐르고 있었겠지요. 연꽃이 흐드러지게 피어있는 호수 난간에 배를 매어 놓고 한가롭게 노닐 적에 한 사내가 물가를 지나가고 있었나 봅니다. 몰래 숨어서 그를 지켜보던 님의 가슴에도 호기심과 사랑을 갈구하는 설렘이 있었나요? 연밥을 따서 사내 쪽으로 슬쩍 던지고는 누가 봤을까 봐 반나절이나 근심을 하셨다니 얼마나 솔직하고 진솔한 고백입니까.

시에서 제가 주목한 대목은 난설헌 님이 먼저 연밥을 따서 사내 쪽으로 던졌다는 사실입니다. 저는 너무 신기하여 외삼촌에게 님의 그 많은 시들 중에 어떤 연유로 이 시로 족자를 만들게 되었는지 까닭을 물으니 대답은 뜻밖에도 매우 충격적이었습니다. 외삼촌은 어느 해 강릉 여행길에 난설헌 님의 생가에 들렀나 봅니다. 그곳에서 이 시를 만나는 순간 제가 결혼하기 전 외삼촌에게 들려준 한 일화와 겹치더라는 것입니다.

난설헌 님.

제게도 한때는 멋진 배우자를 만나 행복한 삶을 누리고 싶은 때가 있었답니다. 20대 초반 한창 꿈 많은 시기, 작은어머니의 중매로 일생 제 곁을 지켜줄 배필을 만났습니다. 당

당한 체구의 말수가 적은 청년이었지요. 사순절을 앞둔 시기였습니다. 양가가 모두 하느님을 믿는 가톨릭 신자였기에 결혼식 날짜를 잡아두고 사순절이 끝나기를 기다렸습니다. 예수님의 수난 시기에는 혼사 같은 좋은 일은 삼가는 것이 신자의 도리로 여겼습니다.

  우리도 어느 연인들처럼 가끔 한 번씩 만났습니다. 그때만 해도 물자가 풍족하지 못했던 시절이라 당시 청년들은 군복을 구입해 검정 물을 들여 입고 다니는 것이 유행이었습니다. 처음 데이트 하던 날, 그도 그런 복장으로 나타났습니다. 조금 예외이긴 했지만 눈에 콩깍지가 씌었던지 잘 어울리고 멋스럽게 보였습니다.

  우리는 그해 치러지는 국가고시에 대비해 함께 학원을 다녔는데 그는 수업이 끝나면 저를 집 앞까지 바래다주고는 무심히 돌아서 가버리곤 했습니다. 과묵한 탓인지 아니면 여자를 대하는 기술이 부족한 소치인지 손 한 번 잡아주면 무슨 큰일이라도 나는 듯이 이내 돌아서 뒷모습만 보인 채 홀연히 사라져 버리는 것이었습니다. 내심 서운하고 괘씸한 마음까지 든 저는 생각을 바꿨습니다. 그렇다면 내가 잡아주면 될 것 아닌가.

  그러던 어느 날 예외 없이 그가 돌아서려는 순간 제가 먼저 그의 손을 덥석 잡고 말았습니다. 난설헌 님이 지나가는 사내에게 먼저 연밥을 따서 던진 것처럼 말입니다. 어쩌면 우리는 시대를 초월해 일맥상통하는 그 무엇이 있었을까요?

당시 저는 이 이야기를 하소연하듯 외삼촌에게 털어놓았고, 많은 세월이 흘렀습니다. 그동안 저 자신도 까맣게 잊어버린 과거를 어찌하여 외삼촌은 오랜 세월 동안 기억하고 있었을까요? 이 일화가 계기가 되어 난설헌 님의 시가 족자로 다가와 제 집 벽면에 걸리게 되었으니 말입니다.

난설헌 님,

님께서는 남성 중심의 가치관이 완연하던 조선조 중기, 여인으로 태어나 시詩와 문장에서 우리나라 역사상 그 유래를 찾아볼 수 없는 여성 지식인으로 후대에 높은 칭송을 받았음에도 불구하고 여인으로서의 삶은 많이 불운했다고 전해져 옵니다. 문장이 뛰어난 명문대가의 따님으로 태어나셨지만 결혼생활은 그리 순탄치 못했나 봅니다. 남편의 잦은 외도와 일찍 자식을 잃은 고통의 깊은 상흔傷痕을 이겨내지 못하셨겠지요. 27세의 꽃다운 나이에 요절하신 님을 생각하면 목이 멥니다. 남편 되시는 김성립도 당대 세도가의 후예로 누구 못지않은 문장가였지만 아내이신 난설헌 님의 그 출중한 능력에 미치지 못함을 한탄하며 자격지심을 느꼈을까요?

 남자들은 왜 그렇게 어리석고 미욱한지요? 감히 고백하지만 제 남편도 이해할 수 없는 열등감으로 제게 마음의 상처를 주고 그 또한 스스로 상처를 받을 때가 많았습니다. 지방 유지의 아들로 태어나 저보다 못할 것 하나 없는 사람이었지만, 그의 가슴 한쪽엔 저에 대한 질시와 경계가 똬리를 틀고 있었답니다. 제겐 평생을 통해 풀지 못할 수수께끼로 남아있습니다.

 난설헌 님.

 연밥을 던진 그 남자는 어찌 되었나요? 지금 제 곁에는 남편이 떠난 공허한 자리만 남았습니다. 남편과의 추억이 깃든 시골에 집을 지으면서 위 뜰에다 그의 무덤을 옮겨 놓았지요. 아침저녁 올라가 인사를 하면서 살아생전 좀 더 잘해주지 못해서 미안하다고 말합니다. 실제로 저는 남편에게 아주 미안합니다. 이제 와 생각해 보니 우리는 서로가 피해자인 동시에 가해자가 아니었나 하는 회한이 드는데, 예전에는 왜 그렇게 저만 피해자인 듯 상처를 받았을까요? 인연이란 그 누구도 어찌할 수 없는 것인가 봅니다. 죽고 나니 이제야 온전히 그가 내 남자인 듯 느껴지니 이 무슨 당치않은 심사란 말입니까.

오늘 저는 그의 무덤 앞에서 살아생전 물어보지 못했던 질문 하나를 던졌습니다. 내가 그의 손을 잡았던 그날, 행복했었느냐고. 그는 대답이 없고 바람만이 한 줄기 지나갔습니다. 그 또한 대답인가 하여 가슴에 품고 애꿎은 풀만 뽑다 돌아왔습니다. 허무해라. 생이란 결국 한 줄기 바람이던가요.

제사와 기념일

　추석 차례를 남편 산소 앞에서 지냈다. 올해는 딸네 식구까지 모두 모였으니 예전엔 볼 수 없는 풍경이다. 오천여 년 동안 한결같이 지켜온 우리의 제사 문화도 세태에 떠밀려 서서히 변화의 조짐을 보이고 있다. 큰딸은 시댁 식구들과 협의하여 기제사만 지내고 명절엔 가족 여행을 가기로 했단다. 작년 명절엔 시어머님을 모시고 제주도 여행을 다녀왔다. 올해는 여행 대신 친정에 온 것이다. 막내딸 역시, 명절증후군인 교통 체증을 감안해 며칠 앞당겨 제사를 모시고 친정에 왔다. 청명한 가을 하늘을 이고 잔디밭에 늘어선 자식, 손자들을 보며 흐뭇해할 그의 얼굴이 떠오른다.

　자식들이 모이면 제사에 관해 논의해 보리라 마음을 먹었다. 명절 제사는 크게 염려할 일이 아니지만, 남편의 기제사가 문제다. 그의 기일은 일 년 중 가장 추운 소한 한파에 걸쳐있다. 음력으로 날짜를 계산하면 거의 평일이 된다. 직장을 가진 자식들이 모두 참석하기가 쉽지 않다. 이런 사정은 나보다 저들이 더 절실하리라.

올해는 모처럼 다 모였으니 제사에 관해 개선할 점이 있으면 의논해 보자고 운을 띄웠다. 그의 제삿날을 일 년 중 가장 한가한 유월 둘째 주말로 옮기면 어떨까? 하고 물어보았다. 자식들의 반응이 의외였다. 하나같이 달갑지 않은 표정이다. 그중에도 큰딸 내외가 적극적으로 난색을 보였다. 설사 장남 혼자 지내는 한이 있더라도 날짜를 변경하면 안 된다고 딱 잘라 말하는 것이 아닌가. 자식들은 왜 날짜에 연연할까. 고정관념을 깨는 것이 그렇게 힘든 일인가. 나이 팔순 넘은 어미보다 자식들의 사고가 더 형식에 매몰되어 있음에 놀랐다. 당혹스러웠지만 좀 더 신중하게 생각해 보자면서 결론을 미루었다.

차례상을 물리자 자식들은 차가 막히기 전에 빨리 가야 한다며 썰물처럼 빠져나갔다. 혼자 남은 나는 제사의 의미에 대해 곱씹어 보았다. 제사란 산 자와 죽은 이가 어울리는 가교역할을 하는 것이 아닐까? 하는 생각이 들었다. 날짜가 중

요하다면 의미 있는 날을 찾아 그 뜻을 부여하면 될 것 아닌가. 여기에 착안한 것이 바로 남편의 생일이다. 마침 그의 생일이 음력 5월 5일 단오다. 단오는 수릿날이라 하여 명절로 기념하는 날이다. 여인네들은 삼단 같은 머리를 창포 삶은 물에 감고 남정네들은 씨름을 하면서 이날을 즐겼다.

　제사와 생일은 어떻게 다른가? 제사는 죽은 이를 추모하는 기념일이고 생일은 살아 있는 사람을 축하해 주는 기념일이다. 그렇다면 단오 축제인 그의 생일에 맞춰 제사를 지내면 그도 기뻐하리라. 음력 오월 단오를 양력으로 계산하면 거의 유월 초순이 된다. 이걸로 승부를 내기로 단단히 결심하고 때를 기다렸다. 한술 더 떠서 내 마음을 글로 적어 두었다. 때로는 말보다 펜이 더 강하다는 것을 믿었기 때문이다.

　드디어 그날이 왔다. 미국에 사는 동생도 오랜만에 한국에 다니러 왔다. 이모를 보기 위해 오 남매가 제 짝을 동반하고 빠짐없이 다 모였다. 좋은 기회를 잡은 나는 써 두었던 글을 꺼내 막내딸에게 대독시켰다. 남을 설득하는데 탁월한 말솜씨가 있는 동생의 응원을 은근히 기대했기 때문이다. 동생은 기념일에 초점을 맞춰 이야기를 끌고 갔다.

　우리나라는 특정한 사람을 위한 기념일이 없지만 미국은 각 주에 따라 사람에 대한 기념일이 있다고 했다. 프레지던트 데이president's Day, 수어드 데이(알래스카를 러시아로부터 산 당시의 미 국무장관) 등, 죽은 사람을 위한 기념일을 그의 생일에 맞춰 정한다는 것이다. 마침내 동생이 결정적인 한 방을 날렸다.

"너희 아버지가 자식의 입장에서 보면 미국 대통령보다 못할 것이 하나도 없지, 그러니까 미국 대통령처럼 너희 아버지 생일에 맞춰 제삿날을 정하면 무척 뜻깊은 날이 될 것 같은데."

자식들은 하나같이 할 말을 잃은 듯 반론을 펴지 못했다. 이미 승부는 끝을 향해 가고 있었다. 동생의 도움으로 씨알도 먹히지 않던 남편의 기념일은 변경되었다. 내가 바라던 대로 그의 생일과 맞아떨어진 유월 초순 토요일.

기분 좋은 결말이다. 나이가 드니 삶과 죽음은 자연의 일부라는 생각이 든다. 이승의 마지막 날은 천국에 뜨는 첫날이니 생일이나 마찬가지가 아닌가. 돌아오는 남편의 제삿날에는 그가 평소에 좋아하던 대게도 올리고 갈비도 한 접시 푸짐하게 담아 상을 차려 볼 작정이다. 천국에 있는 그를 초대하여 온 가족이 함께하는 축제의 장으로 만들어 보리라. 그의 흡족한 미소가 그려진다.

허기 虛氣

　살면서 사무치게 허기졌던 기억이 있는가? 허기란 배가 고파 무엇을 먹고 싶어 갈망하는 상태를 말한다. 내 경험으로는 몸의 허기도 고통스러웠지만 마음의 허기가 더 깊었다.
　내가 여중생일 때 진외가(어머니의 외가)에 잔치가 있어 가던 날이었다. 소풍 날짜를 받아둔 아이처럼 설레어 잠도 설치고, 아침밥도 거른 채 큰이모를 따라 집을 나섰다. 가창면 우록리에서 산등성이를 두어 개 넘으면 '금천리'라는 마을에 진외가가 있다. 택시를 타거나 대중교통을 이용한다는 것은 꿈도 꾸지 못할 시절이었다. 시골행 버스는 아예 구경조차 할 수 없었고, 도보로 청산을 넘어 가창면에 닿아야 대구행 버스가 있었다.

진외가 가는 길은 초행이었다. 산등성이만 넘으면 될 것이라는 막연한 생각이 무리수인 줄 몰랐다. 사람들이 빈번하게 다니지 않는 토끼길만 한 길을 헤치고 갔더니 절벽이 앞을 가로막았다. 길을 잘못 든 것이었다. 언덕을 넘으면 또 산이 나타났다. 점점 공포와 허기가 밀려왔다. 산에는 아무도 없어 길을 물어볼 수도, 살려달라고 외칠 처지도 못 되었다. 이모와 내가 아무런 준비도 없이 몸만 달랑 나선 것이 큰 실수였다.

이모와 나는 서로를 다독이며 있는 힘을 다해 숲을 헤쳐 나갔다. 마침내, 큰아버지가 농사를 짓던 다랑논이 시야에 들어왔다. 내 고향 지슬리와 금천리는 조금 떨어져 있지만 이웃한 동네다. 우리는 산길을 헤매다 길을 잘못 들어 고향 땅 쪽으로 내려왔던 것이다. 멀리 논에서 큰어머니가 들일을 하고 있는 모습이 보였다.

그때의 반가움을 어떻게 말로 표현할 수 있을까! 큰어머니는 잠시 일손을 놓고 참을 먹고 있는 중이었다. 음식이래야 물에 적신 삼베 보자기에 싸 온 보리밥 덩이와 날된장과 고추장이 전부였지만 허기진 나에게는 진수성찬이 따로 없었다. 자초지종을 들은 큰어머니는 연신 보리밥 덩이에 고추장을 얹어 주며 애처로운 눈길을 감추지 못했다. 밥 덩이는 씹을 사이도 없이 꿀꺽꿀꺽 소리를 내며 잘도 넘어갔다. 지금 생각해 보니 내 평생 그렇게 맛난 음식을 또다시 먹어볼 수 있을지.

몸의 허기 못지않게 마음의 허기 또한 고통스러운 것은 마찬가지다. 배우자를 잃은 후에 찾아오는 마음의 허기는 그 어느 것으로도 채우기가 쉽지 않았다. 남편이 한창 일할 나이 오십 대 초반에 뇌졸중을 만났다. 이십여 년 그의 긴 투병 생활은 눈물겨운 고통의 나날이었다.

8년 전 유례없이 추운 겨울 어느 날, 남편은 우리 곁을 떠났다. 영결 미사를 마치고 화장장으로 향하던 날은 혹독하게 추워서 가까운 친척들도 대부분 성당에서 발길을 돌렸다. 화장장에서 그의 흔적이 담긴 나무함을 받아 든 아들과 차에 올랐다. 한참을 가던 아들이 돌연,

"어머님이 모시고 가시죠."

하며 내 가슴에 함을 안겼다. 그를 꼭 끌어안았다. 온기가 내 육신을 감싸고 돌았다.

죽음이란 살아있는 자에게 이별의 고봉을 준다. 우리는 그리 살가운 부부는 아니었지만, 그가 내 곁을 떠난 일 년 동안은 우울증에 걸리는 줄 알았다. 살아있을 때 좀 더 잘해주

지 못한 것이 한없이 아쉽고 미안했다. 이 세상에서 가장 미안한 사람이 남편이다. 남편은 자기를 대신해 어려운 가정 살림을 도맡아 고생한다고 나를 안쓰러워할 때도 있었다. 보듬어 주고 인정해 주는 사람은 그래도 남편밖에 없었다.

그와의 추억이 깃든 고향집 뒤뜰에다 안식처를 마련해 놓고 산 사람에게 하듯 그에게 말을 건넨다.

"여보 나 왔어요."

삶에 지쳐 사랑에 인색했던 마음의 빚을 조금이라도 갚아 주자고 한다는 짓이 산소 옆에 돋아난 애꿎은 풀만 몇 포기 뽑고 오는 것이 고작이다. 사랑하는 마음과 미안한 마음은 결국 같은 의미가 아닐까. 나는 오늘도 창 너머로 그의 무덤을 바라보며 마음의 허기를 채운다.

지슬 생활의 중도中道

이왈종 화가의 〈제주 생활의 중도中道〉라는 그림이 지슬 집 거실에 걸려있다. 나는 여태까지 살아오면서 '중도'라는 낱말의 뜻을 정확히 몰랐다. 중도는 불교에서 나온 말로 시공을 초월한 무상의 공간이며 어느 한쪽에 치우치지 아니하는 바른 도리라고 한다.

큰아들의 취미생활이 그림 감상인 줄 몰랐다. 며칠 전 둘째 딸이 김장을 했는데 엄마 몫으로 한 통 담아두었으니 가져가라고 연락이 왔다. 큰아들과 함께 김치를 가지러 갔다가 알게 된 사실이다. 남매가 이야기꽃을 피우는 중심 화제가 그림 감상이었다. 요즘 뜨고 있는 화가의 작품과 가치에 대한 이야기였다. 그림에 문외한인 내 귀에도 솔깃하게 들렸

판화: 이왈종 화백

다. 성공한 예술가의 이야기는 부러움도 동반한다.

　아들은 이왈종 화가의 한국화 한 점에 꽂혀있었다. 오늘날 사회는 정보화 시대다. 휴대폰 하나로 세계 각국의 희귀한 것을 다 검색할 수 있다. 전화기를 통해 아들이 점찍어 둔 그림을 찾아냈다. 휴대폰으로 검색한 작은 화면의 그림이지만, 색감이 고와 우선 마음에 들었다. 딸은 엄마를 위해 이 그림을 선물하겠다고 했다.

　그림은 큰 가지 두 개가 뻗은 사이로 분홍색 꽃이 피어있는 큼직한 매화나무 아래 하늘색 지붕의 앙증맞은 집이 한 채 있다. 방 안에는 여인이 들어있다. 댓돌 위에 신발이 가지런히 놓여 있어서 정갈한 여인의 모습을 상상할 수 있다. 집 옆에는 장독대와 파밭이 있다. 멀리 앞산과 안산이 그려져 있는 작은 마당에 개 한 마리가 어슬렁거리는 정겨운 풍경이다. 그런데 어디서 본 듯한 그림 풍이었다.

　어느 해 가을 제주도로 가족 여행을 갔었다. 광활한 차밭에 질서 정연하게 고랑을 이루어놓은 '오설록'이라는 차 박물관에서 보았다. 이백 호는 족히 넘을 듯한 대형 그림 앞에서 넋이 나간 적이 있었다. 바로 이왈종 화가의 작품이었다.

　그는 경기도 화성 출생이지만, 제주도에 정착해 제주 생활을 소재로 그림을 그리는 인기 있는 화가 중 한 명이라는 사실도 처음 알았다. 그의 그림과 판화 몇 점은 희소가치를 높이기 위해 한정 수량만 판매하고 있었다. 마침 아들의 눈에 꽂힌 그림도 포함되어 있었다. 8호도 채 되지 않는 작은 그림의 가격이 만만치 않았다. 원목 액자에 곱게 배접된 그림 밑에는 작가의 친필 사인이 적혀있다. 이 조그마한 그림이 지슬집 거실 벽면에 걸리던 날은 설레고 행복했다.

〈제주 생활의 중도〉라는 한 폭의 그림이 나를 사로잡은 이유가 있다. 내가 사는 시골집의 풍경과 정서가 많이 닮았기 때문이다. 황혼의 나이에 자연이 좋아 산골에 집을 장만했다. 동네 이름도 정겨운 지슬리이다. 지슬리는 오지 중에 오지였다. 옛 기록에는 골짜기의 끝부분이라 해서 지곡只谷이라 했다고 한다. 대구로 넘어가는 가장 빠른 지름길이었다.

집 앞에 홍매화를 몇 그루 심었다. 조그만 밭에 파를 키우는 것도 우리 집과 똑같다. 그림 속의 꽃밭이 실제로 집에도 있다. 앞산과 안산의 모습 또한 내 집 앞 산세를 빼다 박은 풍경이다. 외적인 모습도 좋았지만, 가장 큰 이유는 소재였다. 꽃과 나무, 새, 집 등 단순하면서도 우리 생활과 밀접한 관계를 이루는 자연의 풍경을 완성시킨 작품이 따뜻한 감성을 자아냈기 때문이다.

문득 이런 생각이 들었다. 이왈종 화가는 제주 생활을 화폭에 담으며 자신만의 중도에 살고 있는 듯하다. 나도 지슬 생활의 중도를 즐기면서 살고 싶다. 세상만사 마음먹기에 달렸다. 비 오는 날은 비가 오는 대로 좋았고, 겨울밤에 쏟아지는 눈송이를 보면서 마음 설레어 밤잠을 설치기도 했다. 나는 지슬 생활의 중도를 위해 자연에 순응하는 평범한 삶을 살고 싶다.

참, 좋다

 고향 땅 통점골에 둥지를 틀었다. 나 어릴 적에 통지미라고 불렀던 이곳은 산비탈을 따라 층계를 이루며 붙어있던 다랑논이었다. 손바닥만 한 논뙈기 몇 마지기에 생명줄을 달고, 머루나 산딸기를 따 먹던 추억이 서린 곳이다. 산기슭에 허름한 초가 몇 채가 있었는데 전쟁 통에 모두 아랫동네로 이사 가는 바람에 돌담 흔적만 남아있던 산골이었다.
 귀소본능일까? 나이 드니 고향이 그리워졌다. 나이 들수록 병원이 가까운 도시에 살아야 한다는 자식들의 반대에도 불구하고 통점골에 집을 세웠다. 우여곡절 끝에 지어진 집은 사방이 산으로 둘러싸여 있고 호수가 보여서 전망이 좋다. 마당에는 시골집과 잘 어울리는 잔디를 심고 여러해살이 꽃

을 심어 꽃밭도 만들었다. 잔디를 심은 것은 갖가지 잡초들의 횡포에서 벗어나고 싶어서였는데 풀의 생명력은 대단했다. 이른 봄부터 고개를 곧추세우고 올라오는 기세를 보면 넌덜머리가 난다. 흙이 조금만 있는 곳이면 장소를 가리지 않는 것이 잡초의 생명력이다. 갈라진 시멘트 틈새에도 돋아나고 담벼락 사이에도 촉을 틔운다.

아침에 눈을 뜨면 커튼을 걷어 올리는 일로 하루가 시작된다. 안개 자욱한 산골에 추적추적 비가 내리고 있다. 무겁게 가라앉은 하늘에서 흘러내리는 빗줄기를 바라보면 어느새 내 마음에도 평화가 찾아온다. 내가 비를 좋아하게 된 동기는 초등학교 다닐 때와 무관치 않다. 이십 리가 넘는 시골길을 친구 하나 없이 왕복하기가 쉽지 않았다. 당시에는 여자아이들은 대부분 공부를 시키지 않았다. 혼자 학교에 가기 싫었던 나는 비 오는 날이 제일 좋았다. 비가 오면 개울물이 불어서 학교에 갈 수가 없으니 비가 좋을 수밖에.

통점골이 좋은 이유가 몇 가지 있는데 그중 하나가 걷기 운동이다. 건강을 위해 아침저녁으로 잔디밭을 걷는다. 걷다가 지치고 배고프면 먹고 싶은 대로 간소하게 끼니를 해결한다. 혼자 먹는 밥도 이력이 나니 그런대로 할 만하다. 통점골은 시야가 탁 트여 속이 시원하다.

"참, 좋다!"

나는 하루에도 몇 번씩 이 말을 되뇐다.

호숫가에 서 있는 키 큰 느티나무와 앞마당의 잔디가 노르스름한 가을빛으로 물들어 간다. 산과 호수를 내 정원의 일부라고 우기면서 나는 살고 있다. 봄이면 싹을 틔워 절정을 이루던 초목이, 계절 따라 퇴색하면서 생성과 소멸의 순환을 보여준다.

우리 동네는 깊숙한 골짜기에 있지만 가까이 예쁜 카페와 미술관이 분위기 좋은 곳에 자리 잡고 있다. 문화의 향기가 살아 숨 쉬는 곳, 정원이 아름다운 한 갤러리에서 가을 음악회가 열렸다. 황홀한 바이올린 선율과 소프라노의 아리아가 가을 밤하늘에 울려 퍼져 심금을 울렸다. 이날 내게도 꿈이 생겼다. 언젠가 의미 있는 날이 오면 고향집을 무대 삼아 정인들 모아놓고 작은 음악회를 한번 열어 보리라.

 통점골, 동네 이름은 예나 지금이나 변함이 없건만 모습은 많이 변해서 격세지감이다. 옛 초가는 흔적 없이 사라지고 현대식 가옥들이 들어섰다. 이제는 이웃이 생기고 개 짖는 소리도 컹컹 들린다. 이 집, 저 집에서 밥 먹으러 오라는 소리도 정겹고, 정성 들여 키운 채소나 과일 하나라도 주고받으며 정을 나눈다.

 그러나 통점골이 마냥 좋기만 한 곳은 아니다. 하루 중 가장 쓸쓸하고 외로운 때가 어둠이 내리는 저물녘이다. 산골에 적막이 드리울 때면 이웃집 불빛만 봐도 반갑다. 우리는 이심전심으로 이웃을 위해 외등을 밝혀둔다. 사람의 정이 그립고 인간의 소중함이 절실한 이곳, 통점골에 둥지를 튼 것은 참 잘한 일이다. 참, 좋다.

3부
세한도를 보며

인연

공연장에서

세한도를 보며

생각하는 정원

삼행시

나인틴 헌드레드

번 더 플로어

가을 남자

인연

 세월이 흘러도 유독 잊히지 않는 얼굴이 있다. 여행길에 잠시 스쳐간 인연이다. 어느 해 초여름, 하와이를 경유하고 미국 서부 지역을 둘러보는 패키지 투어에 참여했다.

 공항 터미널에서 함께 여행할 사람들을 만나서 수인사를 나누었다. 부부로 짐작되는 몇 분이 보였고 친인척 관계인 듯한 분도 여럿이었다. 나도 이모 내외와 함께했다. 여행사에서 파견한 키가 크고 큼직한 눈망울이 인상적인 아가씨가 눈에 띄었다. 가이드를 본 이모가 내 둘째 딸을 많이 닮았다고 했다. 유심히 보니 그런 것 같기도 하여 친근감이 들었다. 우리는 항공 티켓과 여권을 모두 그녀에게 맡기고 홀가분한 심정으로 여행을 시작했다.

짝이 없었던 나는 하와이에 도착하여 그녀와 같은 방을 쓰게 되었다. 딸 같은 느낌이 들어 편안했다. 온종일 열중했던 관광길에 지쳤던지, 곤한 잠에 빠져들었다. 잠결에 꿈인지 생시인지?

"어머니~ 어머니~!"

하며 나를 부르는 가는 목소리가 들렸다. 황급히 일어나 보니 사태가 심각했다. 급체인지 심한 복통을 호소했다. 혼자서 감당이 어려워 이모에게 도움을 청했다. 이모부 내외와 함께 온 친구 부부도 달려왔다. 다급한 마음에 민간요법을 동원해 손가락을 바늘로 따고, 눕혀서 등을 밟기도 하며 복통이 멈추길 바랐지만 조금도 호전되지 않았다.

병원에 가야 한다는 생각이 든 것은 한바탕 난리를 치고 난 후였다. 응급 치료를 받고서야 안도의 숨을 쉴 수 있었다. 그녀는 우리 여행을 끝까지 안내하지 못하고 중도에 귀국할 수밖에 없었다. 정이 많은 이모가 위로금을 조금씩 모아주자고 투어객에게 건의했지만, 반대 의견이 많아 무산되고 말았다.

이모와 둘이서 약간의 돈을 모아 그녀 손에 쥐여 주고 떠니보낸 후, 30여 년이란 긴 세월이 흘렀다. 지금쯤 어디서 어떤 모습으로 살고 있을까? 하와이 여행길에 내 손에 사탕 두 알을 살며시 건네주던 그녀가 아니던가. '어머니'라고 부르는 그 말 한마디에 정이 살아났던 걸까? 내 딸처럼 느껴져 가슴 아팠던 그 기억을 잊지 못한다.

하와이 여행을 함께한 또 다른 한 가족의 이야기가 삽화처럼 다가온다. 그들의 사연이 기막히고, 애달파서 아직도 내 뇌리에 남아 있다. 키가 훤칠하고 선량하게 보이는 한 초로의 신사와 키가 자그마한 할머니, 할머니의 남동생, 이렇게 세 명이 여행을 왔다. 할머니의 얼굴에는 자주 웃음기가 흘렀지만 신사의 표정에는 시종 어두운 그림자만 드리워 있었다.

나중에 할머니가 그동안의 사정을 내게 털어놓았다. 할머니와 신사는 처형과 제부 사이였다. 교감 선생님이었던 제부는 고교 시절 좋아했던 여자 친구를 만나 사랑에 빠졌다고 했다. 결국 본부인을 배신하고 그녀와 재혼을 했지만, 얼마 후 재혼한 아내가 바람이 나서 남편을 버렸다는 것이다. 신사의 본부인은 미국 로스앤젤레스로 이민을 갔다. 재혼도 하지 않고 혼자 살고 있었는데 암 말기 판정을 받았다고 한다. 부인의 생명이 오래 못 갈 것 같아 남매가 제부를 설득했다고 한다. 강산이 두 번이나 변할 만큼 오랜 세월이 흐른 후에야 동생과의 재회를 주선해 주려고 여행을 계획했다는 것이다.

우리는 8박 9일의 공식 여정을 마감했다. 디즈니랜드와 유니버설 스튜디오를 보기 위해 항공권을 연장하고 LA에 남았다. 마침 할머니 가족도 로스앤젤레스에 남아 디즈니랜드를 관광한다는 얘기를 들었다. 우리는 그곳에서 다시 만나기로 약속을 해 두었다. 그들 부부의 재회 장소가 디즈니랜드였다.

나는 이 부부가 오랜 이별 끝에 만나는 장면을 볼 수 있었는데 참으로 가슴이 뭉클했다. 남편은 몹시 미안한 듯 아내의 얼굴을 똑바로 바라보지 못했다. 할머니가 되어버린 아내도 만감이 교차하는 듯 아무 말 없이 옛 남편의 얼굴을 바라보았다. 부부의 인연이란 그렇게 질기고 험난한 여정이던가!

이 부부의 해후가 어떤 결말을 지었는지 알 길이 없지만 부인의 처연했던 눈빛만은 아직도 잊을 수가 없다. 세상 즐거움이 다 있다는 바로 이곳, 디즈니랜드에서 만나는 어색한 해후, 그들을 지켜보는 내 마음도 편치 않았다. 부디 남은 시간만큼은 서로를 이해하고, 용서하고, 행복하길 소원했다.

그분들만의 시간에 누가 될까 봐 우리는 각자 디즈니랜드를 돌기 시작했다. 여행길에 잠시 만난 인연이었지만 사람이 만나고 헤어짐은 참 묘하다는 생각이 들었다.

공연장에서

'팬텀싱어'는 남성 4중창단 멤버를 선발하는 TV 프로그램 야심작이다. 국내 음악가는 물론 이태리, 독일, 영국, 미국 등 해외에서 공부하는 쟁쟁한 스타들이 대거 참여하여 수준 높은 음악을 들려주었다. 전공 분야도 다양하여 성악, 뮤지컬, 배우, 심지어 국악 등 다양한 장르들이 서로의 영역을 넘나들며 이루는 화음은 팬들을 열광시켰다.

'세상에 존재하는 어느 악기가 이보다 더 아름다운 소리를 낼까!'

팬텀싱어 시즌 1에 푹 빠졌던 나는 그때의 감동이 채 가시지도 않았는데 시즌 3 공연이 대구 엑스코에서 열린다고 했다. 특별히 팬텀싱어에 열광했던 몇 분과 공연을 관람하기로

하고 예약을 해 두었는데, 복병이 나타났다. 하루가 다르게 코로나 환자가 급증한다는 뉴스가 TV 화면을 달구고 있었다. 공연 날짜가 다가오자 조바심이 났다. 건강을 생각하면 공연이 취소되었으면 하는 바람도 있었지만 예정대로 진행되었다.

공연은 저녁 7시부터였다. 발열 체크에다, 손 소독까지 하려면 입장에 많은 시간이 걸릴 것을 감안해 이른 저녁을 먹고 엑스코로 향했다. 아니나 다를까. 예상했던 대로 한 사람 한 사람 빠짐없이 검사를 마치고 입장했다. 공연장에 들어서는 순간, 코로나19가 만들어 놓은 실내 모습에 크게 실망했다. 넓은 평면 시멘트 바닥에 거리 두기를 위해 띄엄띄엄 놓인 볼품없는 플라스틱 의자가 우리를 맞이했다.

우리 일행은 어둠을 뚫고 좌석을 찾아 헤맸는데 마지막 뒷줄이 우리들 몫이었다. 무대는 가물가물 멀어서 싱어들의 얼굴 보기는 어려울 것 같았고 음향도 제대로 나올지 의문이었다. 코로나19가 만든 현상일까. 일부 고객이 예매를 취소했는지 앞쪽에 빈자리가 많이 보였다. 공연이 시작되자 잽싸게 몇 줄을 앞당겨 자리를 옮겼다. 순간, 예상치 못한 일이 벌어졌다. 가까이 앉아있던 젊은 여인이 나를 흘겨보며 제자리로 돌아가란다. 그녀와 바짝 붙어있는 자리도 아니었다.

거리 두기를 위해 마련해 놓은 좌석에 앉았을 뿐, 그녀에게 하등의 피해를 줄 리가 없다는 생각에 아무런 대꾸도 하지 않았다.

 투명인간 취급을 받은 것에 기분이 상했을까. 화가 난 여인이 계속 불만을 늘어놓았다. 이를 지켜본 검표원이 다가와 내 좌석표를 보자고 했다. 나는 태연히 표를 내밀었다. 내가 자리를 옮겼다는 사실을 예측 못 했던 그의 대답은 뜻밖이었다.

 "아~ 자리가 맞군요."

 하는 게 아닌가. 기쁨의 순간도 찰나였다. 여인은 포기하지 않고 왜 거짓말을 하느냐고 검표원을 다그쳤다. 나를 위해 하얀 거짓말을 해준 그분께 누가 될까 봐 순순히 자리를 떴다. 더 이상은 버틸 명분도 재간도 없었다.

 드디어 공연이 시작되었다. 싱어들이 무대에 올라 인사말을 했다. 음향이 울려 무슨 말을 하는지 한 마디도 알아들을 수 없었다. 중앙과 양옆에 대형 화면을 설치하여 어느 가수가 나와 노래를 부르는지는 알 수 있었다. 하지만 모두가 소원했던 음익의 진수를 보여주는 데는 실패한 것 같았다. 대형 스피커에서 울려 퍼지는 소리는 미세하고 아름다운 멜로디가 아니라 귀를 어지럽히는 소음일 뿐이었다. 마스크에다 장갑까지 끼었으니 마음껏 환호성을 지를 수도 없었고 박수 소리도 들리지 않아서 감동 없는 무대였다.

  나는 팬텀싱어 공연장에서 다양한 유형의 인간상을 보았다. 자기에게 크게 치명상을 준 것도 없는데 나를 끝까지 밀어내려고 했던 그 여인의 본심은 무엇이었을까? 그리고 나를 위기에서 구해주고 싶었던 검표원의 심정은 노약자에 대한 배려심이었을까. 결국은 내 자리로 돌아가고 말았지만 헛된 욕심을 부렸던 속 좁은 나의 이기심은 또 무엇이었을까.

  나는 입장을 바꿔 그녀의 심정을 한번 생각해 보았다. 내가 그녀에게 피해를 주지 않는다는 것은 순전히 내 생각이었을 뿐, 그녀에게는 용납이 되지 않았을 수도 있겠다 싶은 결론에 이르렀다. 우리 마음을 그렇게 황폐하게 만든 것은 모두가 코로나19 바이러스의 행패다. 그 때문에 사람살이가 그렇게 각박해졌는지도 모르겠다. 사람의 심성도 우리가 누릴 수 있었던 공연장의 작은 행복도 모두 앗아가 버린 코로나19가 완전히 떠나는 그날을 기대해 본다.

세한도를 보며

지난겨울 끝자락의 제주도 여행은 좀 특별했다. 한겨울이었던 것도 그렇지만, 두 아들네와 함께한 4박 5일의 일정이 그러했다. 호텔 또한 지은 지가 오래되지 않아 아주 쾌적한 숙소였다. 창을 열면 섶섬, 문섬, 범섬이 그림같이 떠 있어 바라만 봐도 좋았다. 이번 여행은 많이 보려고 하지 말고 힐링에 주안점을 두자고 함께 간 아들네와 약속을 해둔 터였다.

'추사관'에서 추사秋史 김정희金正喜를 만난 것은 여행 이틀째였다. 제주도에 분포하는 여러 오름 중 아름답기로 이름난 수월봉을 보기 위해 차를 타고 가는 도중 제주도 특유의 검은 돌담이 나지막이 줄지어 있는 길가에 '추사관 입구'라는 팻말이 시야에 들어왔다. 예상치 못한 만남에 차를 세우고 발길을 안으로 돌렸다.

〈세한도〉에 그려진, 잎이 떨어져 겨우 고갱이만 남은 성긴 소나무와는 달리 잎이 무성한 키 큰 소나무 몇 그루가 듬성듬성 서 있는 가운데 역시 세한도에 그려진 단출한 집과 꼭 닮은 추사관이 세워져 있었다.

언뜻 보아 감귤 창고처럼 보이는 소박한 건물은 세한도에 그려진 소나무와 집 모양을 본떠 지은 것이었다. 걸작 속에 숨어있는 작가의 외로움과 쓸쓸함을 나타내기 위해 의도적으로 설계를 하였다 하니 고개가 끄덕여졌다.

전시관 지하로 내려가는 통로는 추사 선생이 제주도 남쪽 끝인 대정으로 귀양을 내려오는 유배길의 고단함을 형상화한 계단이 놓여 있었다. 계단 한번 참 불편하게 만들어 놓았구나! 싶었던 나는 당시 추사의 감성을 건물 곳곳에 투영한 건축가의 마음을 조금은 이해하게 되었다. 전시관은 지하 2층과 지상 1층으로 되어 있었다. 우리는 먼저 지하로 내려가 계단을 올라오면서 관람했는데 전시관에 걸려있는 여러 자료를 통해 선생에 대한 많은 사실들을 알게 되었다.

추사 김정희(1786~1856)는 조선시대 후기, 시詩와 서書, 화畵에 뛰어난 업적을 발휘한 예술가이며 학자였으나 시詩와 문

文은 글씨의 명성에 가려 그 진가가 조금은 가려졌다 한다. 왕의 사위였던 할아버지 후광을 입어 25세의 젊은 나이에 청나라에 갔다. 당대의 많은 중국 석학들과 교류하며 그의 인품과 글씨를 사랑한 학자 완원, 옹방강 등과 깊은 우정을 나누었다. 하지만 당시 왕의 권력만큼이나 기세등등하게 세도를 누리던 안동 김씨 가문을 비판한 상소에 연루되어 결국 이곳 제주도에 유배된 것이었다.

전시관에서 처음으로 우리가 주목한 것은 선생의 글씨, 바로 추사체다. 전시관 곳곳에는 그가 남긴 여러 서체의 글씨가 걸려있었다. 당시 다른 서체와 확연히 구별되는 개성이 강한 서체로 많은 사람들이 추종했다. 굵기, 가늘기의 차이가 심한 글씨들이 많이 있었고 비틀어진 듯하면서 파격적인 조형미를 보여주는 글씨도 많았다. 신기한 것은 같은 내용의 글씨체임에도 불구하고 선생이 권세가 있고 행세하던 시절에 쓴 글씨는 굵고 힘이 넘치며 기름기가 흐르는 듯 윤택하게 보였다. 그런데 그가 유배되고 곤궁한 처지에 놓였을 때 쓴 글씨는 가늘거나 거칠고 힘이 없어 황폐한 느낌을 주어 당시의 형편과 마음이 녹아있는 듯하여 안타까웠다.

다음으로 추사의 세한도를 감상했다. 그의 나이 59세, 정쟁에 휘말려 제주도 대정에 유배된 지 4년이 되던 해였다.

아무도 찾아 주는 이 없고 소식마저 끊긴 외로운 처지에 놓인 그에게 제자 이상적李尙迪이 뜻밖에도 귀한 책을 보내왔다. 이상적은 조선 후기 때의 시인이며 통역관譯官 집안 출신인데 중국을 여행하면서 그곳 문인들과 친분을 쌓은 연유로 많은 책을 구할 수 있었던 것이다. 학문을 좋아했던 외로운 추사에게 책을 보내오다니, 얼마나 반갑고 감격했을까!

그는 바로 붓을 들어 세한도歲寒圖를 그려 제자에게 보냈다. 추운 겨울에도 푸른 소나무와 잣나무의 고고한 기품처럼, 힘들 때 보여준 이상적의 의리를 표현한 그림이었다. 고난 속에 있는 스승을 위해 바다 먼 곳까지 책을 보내준 제자와 그에 대한 고마운 마음을 담아 세한도를 그려준 스승을 생각하니 마음이 짠했다.

스승으로부터 세한도를 받은 이상적은 중국으로 건너가 청나라의 문인 16명의 극찬이 담긴 발문을 받아 그림에 첨부했다. 그중에서도 장악진이라는 사람은 발문에서 "겨울이 되어서야 소나무와 잣나무가 시들지 않는다는 것을 알게 된다."는 공자의 말을 인용하며 소나무와 잣나무가 굳은 절개를 지니고 있지만 눈서리를 맞지 않을 때에는 사람들이 대부분 소홀히 여기므로 그 절개를 알아보기 어렵다는 것을 안타까워하고 있었다.

또한 그는 "세상에 그 절개를 알아주는 사람이 없어도 소나무와 잣나무는 그대로이다. 그러므로 한겨울이 되어서야 그 절개가 드러난다고 소나무와 잣나무가 즐거워할 일은 아니며, 한겨울이 되어서야 그 절개를 알게 된다면 소나무와 잣나무를 깊이 아는 사람이 아니다."고 하며 고도에서 유배생활을 하는 추사를 위로하고 있었다.

이 얼마나 아름다운 스승과 제자인가. 세한도가 후대 많은 사람들의 가슴에 깊은 감동을 주는 것은 그림과 더불어 그를 아끼는 학자들의 주옥같은 발문이 한몫했기 때문일 것이다.

많은 사람들의 감상문이 함께 첨부된 세한도의 두루마리 길이는 무려 14m에 이르렀다. 두루마리를 펼치면 예서체로 쓴 세한도라는 표제와 소나무, 잣나무 그리고 초가집으로 이루어진 간결한 그림이 그려져 있다. 여기에 청나라의 저명인사 16인 외 일본인 추사 연구학자 후이즈카와, 우리나라 초대 부통령 이시영, 오세창과 정인보 등 20명의 발문이 첨부되어 있었다. 국적을 초월한 당대와 후대 문인들의 엄청난 힘이 한데 모여 세한도를 국보 180호로 만든 것은 아닐까 한다.

호텔로 돌아오자 TV 뉴스에서는 악플 사건을 다루고 있었다. 글의 양면성이었다. 세한도에 붙여진 발문이 아름다운 응원의 글이라면 악플은 무책임한 횡포의 글일 것이었다. 제자를 통해 보내온 알뜰한 그림평들이 유배 생활을 하는 추사에게 위로가 된 것처럼 우리가 편히 쓰는 댓글도 누군가에게 격려가 된다면 얼마나 좋을까. 그러고 보니 제주에는 소나무와 잣나무도 많았다.

생각하는 정원

 아름다운 섬 제주도에서 '생각하는 정원'을 만난 것은 행운이었다. 그것도 두 번씩이나! 처음에는 막내아들네와 거동이 불편한 남편이 동행했다. 오랜 투병 생활에 지친, 제 아빠를 위로해 주고 싶은 막내아들의 배려심 덕이었다.

 숙소에 비치된 여행안내지 중에서 막내가 찾아낸 곳이 '생각하는 정원'이었다. 제주시 한경면 저지리에 자리 잡고 있는 생각하는 정원은 세상에서 가장 아름다운 곳이라고 소문이 자자한 곳이다. 한 농부의 돌과 나무에 대한 사랑과 그의 삶이 고스란히 배어있다. 우리는 안내 표지판을 따라 정원을 둘러보았다. 한 발짝 떼기도 힘겨운 남편의 얼굴에도 미소가 번져 행복해 보였다.

정원은 제주 특유의 검은 돌로 울타리를 만들었다. 거기다 높고 낮은 언덕을 만들었는데 제주도에 분포하는 오름을 형상화한 것이라고 했다. 연못 위의 구름다리는 운치를 더했다. 그 사이로 헤아릴 수 없을 만큼 기기묘묘한 분재들이 나무와 어우러져 있어 천상의 비원이 아닐까 싶었다.

정원의 휴게소에 들렀을 때다. 범상치 않은 한 사람이 눈에 들어왔다. 주황색 개량 한복에 일 모자를 눌러쓴 그분은 왼쪽 팔목에 붕대를 감고 깁스를 하고 있었다. 이 정원의 주인이 아닐까 하는 생각에 먼저 다가가 인사말을 건넸다. 내 예감은 적중했다. 성범영 원장님과의 첫 만남이 이루어지는 순간이었다.

몇 년이 지난 후 나는 이 정원을 다시 찾았다. 그동안 병마와 싸우던 남편은 우리 곁을 떠났다. 그 자리를 사위와 딸들이 대신했다. 원장님을 만나고 싶었다. 서리가 내린 듯 희끗한 눈썹에 온화한 미소가 특징인 그분을 만났다. 수년 전 본 모습 그대로였다. 이번에도 왼손을 붕대로 칭칭 감고 있었다. 또 일을 하다 다친 모양이다. 그분은 우리를 보자 자기소개부터 했다.

"사람들이 저를 우공愚公이라고 합니다. 제주도 사람들은 두루외(제주도 방언으로 미치광이)라고 부르기도 하지요."

이렇게 말하며 거리낌 없이 정원의 역사를 토해냈다. 정원 안에 쌓인 그 많은 돌은 대부분 자기 손으로 쌓았다고 했다. 달 밝은 밤에는 달빛에 의지해 꼬박 밤을 새운 적도 있다고 했다. 그는 50여 년을 돌을 쌓고 기품 있는 분재들을 키웠을 뿐 아니라 나무와 자연을 조화롭게 예술의 경지로 승화시켰다. 대역사를 이루어 낸 그분에게 우공이라는 별명이 잘 어울린다는 생각이 들었다. 성 원장님에게 나무와 돌은 그의 인생 자체였다. 그분의 나무에 대한 깊은 통찰력과 예술적 감각에 경의를 표하며 기념사진을 찍고 그의 저서 『나무는 인생이다』에 친필 사인을 받았다.

정원 내에는 역사관이 있다. 외국 정상들과 국내의 유명 인사들이 이 정원을 방문하여 찍은 사진과 그들이 남긴 찬사가 빼곡히 자리 잡고 있었다. 특히 여러 나라에서 다녀간 외국인 젊은이들이 남긴 글은 감동적이고, 원문 밑에 우리말로 해석을 달아 이해가 쉬웠다. 국내의 젊은이들이 정원을 찾는 경우 거의 대부분은 대충 둘러보고 해설을 요청하는 사례는 별로 없었다고 했다. 하지만 외국에서 여행 온 학생들은 달랐다고 한다. 오래도록 정원을 둘러보며 새겨진 글을 꼼꼼히 읽어보고 느낀 소감을 글로 남기고 가는 경우가 많았다고 했다. 그들은 생각하는 정원을 통하여 세계 여러 나라 사람들과 소통하고 있었던 것이다. 그중에 아직도 생생하게 기억에 남는 글귀가 있다.

'젊은이들이여 생각을 바꾸면 미래가 보인다'

외국인 학생이 남기고 간 말이다.

이보다 더 감동을 받은 것은 한 장의 흑백 사진이었다. 우공이 처음 이곳에 정착해 황무지에서 돌을 주워내고 가시덤불을 걷으며 온몸으로 일을 하는 모습이었다. 나중에 안 사실이지만 원장님은 기업을 운영하며 여유로웠던 도시 생활을 버리고 제주도에 정착해 반세기 동안 불모지를 개간하여 지금의 생각하는 정원을 가꾸기까지 모진 고생을 감내했다.

동병상련일까. 만날 때마다 상처 입은 모습에 마음이 짠했다. 나도 나무를 키우며 반평생 동안 숱한 고생을 했다. 고달팠던 지난날들이 주마등처럼 스쳐 지나갔다. 나무가 귀하던 시절이었다. 공사를 수주해도 심을 만한 나무 구하기가 쉽지 않았다. 전국을 누비며 나무를 찾아 헤맸다. 특히 나무는 생명이 있는 식물이라 내 속을 많이 태웠다. 공사장에 옮겨 심은 나무가 원래 있던 토양과 기후가 맞지 않으면 고사하는 수가 많았다. 수분이 부족해도 목말라 죽고 바람이 몰아치면 넘어져 죽었다.

그뿐이랴! 이른 봄부터 올라오는 풀과의 전쟁은 또 어떻고, 풀이 미워 농장을 접고 싶을 때가 한두 번이 아니었다. 하지만 우리 식구의 생명줄을 달고 있는 농원을 접기란 쉽지 않았다. 이렇게 50여 년을 이어갔지만 이루어 놓은 건 하늘과 땅 차이가 아닌가! 나무 옆에서 오랜 세월 살아 왔지만 그분처럼 나무를 깊이 사랑한 적이 있었던가? 도대체 나무에 대해 아는 게 무엇인가. 나무의 고통에 함께 아파한 적이 있기나 했던가.

고통이란 단어를 떠올리니 새삼 원장님의 말씀이 떠오른다. 사람들이 살아있는 나무에 전등을 매달아 오래도록 방치해 두고 즐긴다는 것이다. 나무도 잠을 자야 하는데 번쩍이는 불빛 아래서 어떻게 숙면을 취할 수 있겠는가? 그는 나무들의 말 없는 아우성에도 귀를 기울였던 것이다. 하지만 나는 여느 사람들처럼 즐기기만 했을 뿐, 나무를 키워 순전히 이윤 추구에만 급급하며 살아온 게 아닐까 하는 회한과 이루어 놓은 것이 보잘것없어 실로 부끄럽다.

정원을 한 바퀴 돌아보고 나오려는데 정원 입구에 '영혼이 있는 정원'이란 대형 입간판이 우뚝 솟아 눈길을 끌었다. 맞아. 이 정원은 "나무를 사랑하는 사람들의 영혼이 깃들어 있어."라는 말을 되뇌며 돌아오는 차에 올랐다.

삼행시

 어느 해, 미국에 사는 여동생 세 명이 제부들과 한국에 다니러 왔다. 오랜만에 국내여행을 하자는 알찬 계획을 세웠다. 동해안을 거쳐 속초에서 설악산을 보고, 정동진 바닷가에서 회나 실컷 먹고 오자고 입을 모았다.
 여행 이야기로 한창 신이 나 있는 우리를 부러움의 시선으로 바라보는 한 남자가 있었다. 남편이었다. 그는 이 여행에 함께하지 못했다. 한창 나이에 뇌졸중을 만나 거동이 불편했기 때문이다. 이 남자를 어떻게 해야 하나, 마음이 쓰였다.
 승용차 두 대에 나뉘어 타고 목적지로 향했지만, 남편이 자꾸만 눈에 밟혀 마음이 편치 않았다. 동생들이 내 마음을 읽었던지, 좋은 풍광이 나올 때나 특별한 일이 있으면 휴대폰을 통해 그에게 알리자고 했다. 지금 어디쯤 가고 있으며, 어떤 곳에서 무엇을 하는지 수시로 보고를 하자고 했다. 그리하면 형부의 서운한 마음이 조금은 풀어질 것이고 함께 여행하는 효과도 누릴 수 있다는 것이 동생들의 생각이었다. '이건 아닌데' 하는 생각이 얼핏 들었지만 동생들의 확고한 의지에 그만 동조하고 말았다.

먼저 설악산을 둘러보았다. 가을 초입이라 나뭇잎은 이내 물들일 채비를 하고 있었다. 대청봉까지 완주한다는 야무진 마음을 먹고 등산 코스로 접어들었다. 산 이름에 걸맞게 큰 바윗돌을 품은 높은 봉우리와, 간간이 쏟아지는 폭포의 물줄기에 입이 다물어지지 않았다. 이런 풍광에 홀렸던가? 제부가 '설악산' 세 글자로 '삼행시'를 읊어보자고 제안을 했다.

먼저 나를 지목했다. 순발력이 부족해 어떻게 해야 하나 당혹스러웠지만, 체면을 구길 수는 없었다. 제부가 '설' 하고 운을 떼며 차례대로 불렀다.

'설' 설악산 바라보니
'악' 악 소리 절로 나네.
'산' 산천이여 유구하라.

하며 느낀 대로 대충 얼버무린 나의 삼행시는 초라했다.

다음 차례는 제부였다. 그의 기막힌 멘트에 우리 자매는 한바탕 크게 웃는 바람에 숨 넘어 가는 줄 알았다. 제부의 삼행시다.

'설' 슬피 우는 남자 두고,
'악' 악녀들이 넷이 모여
'산' 산천 경계 구경하네.

이렇게 딱 맞아 떨어지는 시구가 또 있을까! 한참을 웃었지만 '슬피 우는 남자 두고'라는 구절을 생각하니 마냥 웃을 수만은 없었다. 나는 졸지에 악처가 된 기분을 떨쳐버릴 수 없었다.

우리는 정동진에 들렀다. 아름다운 바다도 우리 마음을 일렁이게 하였고 멀리 산중턱에 자리 잡은 썬크루즈호텔의 모습은 멋스러웠다. 우리가 하루 동안 머물 숙소였다. 호텔에 여장을 푼 후 산책길에 나섰다. 바닷가에 깎아지른 듯한 절벽의 모습은 절경이었다. 식사를 하려고 횟집에 들러 자리를 잡았다. 거센 풍랑에 파도가 밀려와 하얀 포말을 그리며 바윗돌에 부서지는 풍광과 회 맛은 일품이었다.

마지막 날 우리 일행은 대금굴에 도착했다. 굴 입구까지 가려면 거리가 멀어서 전동차를 타야 했다. 많은 여행객들이 모노레일을 타기 위해 줄지어 차례를 기다리고 있었다. 대금굴이 일반인에게 공개된 지 얼마 되지 않은 시점이었다. 5억 7천만 년으로 추정되는 긴 세월 동안 숨어있던 동굴이 황금빛 자태를 세상에 드러낸 것이다. 대금굴은 처녀굴답게 깨끗한 속살로 우리를 황홀의 경지로 이끌었다.

  일박 이일의 여행을 마치고 돌아온 날의 기억은 아직도 생생하다. 남편의 얼굴에는 분노와 서운함이 가득 차 있었다. 역시 내가 우려했던 대로였다. 오랜 투병 생활로 지친 그의 심신은 남을 배려할 만큼의 마음의 여유가 없었던 것이다. 우리가 한 행동이 그에게 위안이 되기는커녕, 오히려 남편의 마음을 다치게 했던 것이다. 우리가 웃고 즐기는 순간, 그는 외로움과 싸우며 울분을 삼켰을 것이다. 후회 없는 삶은 없다지만 그때 그와 함께하지 못한 여행, 두고두고 후회되는 대목이다. 지금 다시 생각해도

    슬피 우는 남자 두고,
    악녀들이 넷이 모여
    산천 경계 구경하네.

이 삼행시는 오랜 세월 동안 나에게 자책과 회한을 남겨주었다.

나인틴 헌드레드

　오랜만에 평생 잊지 못할 잔잔한 감동을 주는 영화 한 편을 보았다. 〈피아니스트의 전설〉이다. 포스터가 예사롭지 않았다. 넓은 쪽빛 바다 한가운데 떠있는 큰 유람선을 바라보는 한 사내의 뒷모습이었다. 배 안에서 벌어지는 이야기인가 보다. 내 예감은 맞았다.
　영화의 시작은 긴 코트 차림의 덩치 큰 사내가 허름한 악기점에 들어선다. 그가 분신처럼 아끼던 트럼펫을 싸게 넘긴다. 그곳에서 오래전 헤어졌던 한 친구의 피아노 연주가 담긴 낡은 음반을 발견하고 그에 대한 전설적인 이야기를 악기점 주인에게 들려준다. 영화는 과거와 현재가 오버랩되면서 전개된다.

영화는 화면이 바뀌면서 1900년 1월로 거슬러 올라간다. 아메리칸 드림을 꿈꾸며 미국을 찾아 나선 이민자와 여행객들로 붐비던 버지니아호에 승객들이 모두 떠난 뒤, 기선 석탄실의 탄부 한 사람이 객실 바닥에 돈이 될 만한 물건을 찾아 헤맨다. 그러다 놀랍게도 피아노 위에 놓인 갓난아기가 담긴 조그만 상자를 발견한다.

왜 하필이면 피아노 위였을까? 이 아기가 운명적으로 전설적인 피아니스트의 삶을 살게 되리라는 걸 암시적으로 보여주는지도 모르겠다. 아이의 부모는 피치 못할 사정으로 자식을 버렸지만 그들 역시 음악적 재능을 가진 자들이 아니었을까? 영화를 보는 내내 실화처럼 느껴져 마음이 짠했다.

아기를 처음 발견한 탄부가 아이의 아버지가 되기로 결심하고 1900년 첫날에 만난 기념으로 '나인틴 헌드레드'라고 이름을 지어 준다. 헌드레드가 여덟 살 때 불행이 찾아온다, 양아빠가 사고사를 당한 것이다. 아빠의 장례식 날, 기이한 일이 벌어졌다. 아빠와 마지막 이별의 순간이었다. 바람결에 들려온 가느다란 소리에 뒤를 돌아본 헌드레드에게 한 일본인 여자가 던진 말이 "옹가구"(일본어로 음악)였다. 아이가 알아듣지 못하자 "뮤직"이라고 다시 일러준다. 이렇게 음악은 자연히 아이의 몸속으로 스며들었다.

　헌드레드는 배에서 태어나 단 한 번도 육지를 밟아 본 적이 없다. 오로지 배에서 성장하며 청년이 되었다. 트럼펫 연주자 맥스와 헌드레드 두 사람이 만나던 날은 특별했다. 폭풍우가 거세게 몰아치며 파도가 배를 삼킬 듯 후려치던 밤이었다. 심한 뱃멀미에 어쩔 줄 몰라 하던 맥스에게 피아노를 연주하며 영혼을 함께할 헌드레드가 다가온다. 피아노 다리의 고정쇠를 풀고 파도에 몸을 맡긴 채 홀린 듯 연주를 한다. 거친 풍랑과 아름다운 피아노 선율이 묘하게 어우러져 마치 마술의 세계로 빠져들게 한다. '매직 왈츠'가 탄생하는 순간이다. 이후부터 두 사람의 끈끈한 우정이 이어진다.

영화의 재미는 고조된다. 헌드레드의 명성이 뭍으로 퍼지면서 당시 최고의 인기를 누리던 한 재즈 창시자가 피아노 배틀을 청한다. 두 사람의 대결 장면은 재미의 절정을 이룬다. 쥬세페 토르나토레 감독의 진면목이 유감없이 발휘되는 순간이다. 그는 재즈 창시자가 선실로 들어서는 장면을 크게 부각시켰다. 그의 교만은 하늘을 찔렀고 숨죽인 관중들이 지켜본 결과는 그의 처절한 패배였다. 헌드레드가 그를 꺾을 수 있었던 마지막 곡은 〈enduring movement〉였다. 연주를 마친 헌드레드가 조율줄에 담뱃불을 붙여 그의 입에 물려주었다. 재즈 창시자의 명성만큼 반짝이는 구두 위로 담뱃재가 흩날렸다. 음악은 폭풍처럼 쏟아졌고 관중들은 열광했다.

영화가 중반을 넘어서는데도 사랑 이야기가 전혀 없어 실망하고 있던 차에 뜻밖에 그에게도 사랑이 다가온다. 헌드레드가 피아노 연주를 하던 중에 선실 밖 창 너머로 앳된 아가씨를 발견하고 짜릿한 전율을 느낀다. 그의 모든 음악적 영감을 그녀에게 다 쏟아부어 탄생한 곡이 영화의 주제곡인

⟨playing love⟩다. 우여곡절 끝에 이 곡이 음반으로 제작되었다. 음반 한 장이면 부와 명성을 평생 보장받을 수 있다는 회유에도 불구하고 음반을 아가씨에게 선물하기로 결심한다.

하늘이 온통 잿빛으로 물들고 갑판 위에는 굵은 빗줄기가 쏟아져 내렸다. 드디어 만난 두 사람, 절호의 기회를 맞아 그녀에게 음반을 건네려는 순간, 이 무슨 운명의 장난인가! 그녀의 일행이 불현듯 나타나는 바람에 찬스를 놓친다. 전하지 못한 음반 위로 빗물이 사정없이 흘러내린다. 이렇게 애절한 사랑이 또 있을까! 그녀를 떠나보낸 후 헌드레드는 심한 절망감에 빠져든다. 이를 지켜본 맥스가 배에서 내리라고 말한다. 남들처럼 결혼도 하고 멋진 인생을 살아 보라고. 헌드레드도 이에 동조하고 배에서 내릴 결심을 한다.

헌드레드가 선상에서 작별 인사를 하고 트랩을 내려온다. 그는 잠시 걸음을 멈추고 고층 빌딩이 즐비한 시가지를 한참 바라보았다. 웬일인가? 그는 모자를 바다 깊숙이 내던지고는 되돌아 계단을 오르기 시작한다. 그는 배에서 내리기를 왜 거부했을까?

맥스는 배를 떠난다. 세월이 흘러 버지니아호는 고철덩어리로 변해 폐선이 된다. 헌드레드가 버지니아호 한 구석에 남아 있을 것이라고 확신한 맥스가 친구를 찾아 나선다. 헌드레드는 배에서 내리지 않고 자신만의 세계에 갇혀 끊임없이 곡을 만들었던 것이다. 헌드레드가 배에서 내리지 않았던 심경을 길게 토해낸다.

"나는 생일도, 가족도, 국적도 없는 아이였어. 피아노의 건반은 시작과 끝이 있지만 우리는 무한해. 건반을 가지고 음악을 만드는 것만으로도 내 인생은 충분해. 육지는 내게 너무 큰 배야, 결국엔 나를 짓누를 거야, 나는 여기서 행복을 연주했어. 정 필요하면 이쯤에서 내 삶에서 내리겠어. 날 용서해 내 친구."

맥스는 하염없이 울기만 하고 두 사람은 깊은 포옹 끝에 헤어진다. 바다 한가운데 떠 있던 폐선이 음악이 흐르는 가운데 큰 폭발음과 함께 산산조각이 난다. 평소 헌드레드가 말했듯이 그는 태어난 버지니아호 안에서 그의 삶을 내렸다.

"이제 이야기는 끝이에요."

맥스가 이야기를 마치고 가게 문을 나서려 하자 그를 불러 세운 주인 영감님의 한 마디,

"좋은 이야기는 낡은 트럼펫보다 가치가 있지."

하며 트럼펫 상자를 다시 맥스에게 건넸다. 촉촉하게 젖은 골목길을 천천히 걸어가는 맥스의 뒷모습이 아련히 멀어지면서 영화는 끝이 난다. 관객들은 한동안 자리를 뜨지 못

했고 나도 한참을 앉아 있었다.

  나인틴 헌드레드는 유한과 무한 사이에서 방황했다. "아메리카"를 부르짖으며 인생 항해를 하는 사람들의 모습이 우리가 사는 세상이다. 어디가 끝인지 모르는 세상, 나인틴 헌드레드는 끝이 보이지 않는 세상에 발을 내딛기가 두려웠는지 헤아릴 수는 없지만, 마음 한구석이 저려온다. 폐선에서 삶을 내려놓는 선택과 낡은 트럼펫을 들고 세상 속으로 걸어가는 두 사람, 그들은 다만 다른 곳으로 자리를 옮겼을 뿐이다. 〈피아니스트의 전설〉은 나에게 인생을 관조하도록 이끌어 준 명화였다.

번 더 플로어

'무대를 불태우자!'

댄스뮤지컬 〈번 더 플로어〉를 처음으로 우리나라 관객들에게 선보인 곳은 서울의 어느 체육관이다. 2006년 어느 날, 막내가 공연 티켓을 내밀었다. 좌석은 중앙 앞에서 세 번째 줄, 배우들의 눈빛 연기 하나까지 생생하게 볼 수 있는 최적의 자리였다. 한국 공연에 앞서 일본에서도 예매와 동시에 표가 매진되었다고 한다. 우리나라 역시 많은 관객이 모여들었다.

드디어 황홀한 댄스의 향연이 펼쳐졌다. 왈츠곡의 아름다운 선율이 흐르는 가운데 미끄러지듯 쌍쌍이 추는 군무는 나를 무아의 경지로 이끌었다. 뒤를 이어 탱고, 자이브, 삼바,

차차차 등 다양한 춤이 이어졌다. 동작 하나하나가 신기에 가까웠다. 대부분 댄서들이 20대 초반으로 보였는데 경력이 20년이 넘는다는 말에 이해가 되지 않았다. 나중에 안 사실이지만 그들은 걸음마를 떼면서 벌써 춤을 배우기 시작했다고 한다. 이 멤버들은 해마다 열리는 영국의 댄스 경연대회에서 챔피언의 영예를 거머쥔 선수들이 대부분이라고 했다.

번 더 플로어는 1997년 엘튼 존의 50번째 생일 파티에 참석한 12명의 프로 댄서들이 경쟁 관계가 아닌 하나의 팀을 이루어 시작한 것이었다. 내가 여태껏 보아 온 어떤 볼거리보다 흥미롭고 재미가 있었다.

그토록 열광했던 번 더 플로어 내한 공연을 6년 후에 다시 보게 되었다. 세종문화회관에서다. 입추의 여지 없이 많이 모인 관객 앞에서 펼쳐진 공연은 예전에 본 것 이상으로 성황리에 막을 내렸다. 커튼콜이 여러 차례 이어졌다. 연출가와 댄서들이 무대에 나와 관객들에게 인사를 했다. 관중들은 전석 기립하여 박수갈채를 보냈다. 닫히고 열리기를 반복한 끝에 드디어 더 이상 무대를 볼 수 없었다. 하지만 관객들은 닫힌 커튼 앞을 서성이며 아쉬움에 자리를 뜰 줄 몰랐다.

세월이 얼마나 흘렀을까? 내가 번 더 플로어 팀을 마지막으로 만난 곳은 대구 오페라하우스다. 엄마가 춤을 즐긴다는

사실을 알고 있는 막내아들이 제 누나 몫까지 두 장을 예매해준 덕이었다. 세월의 무게는 어쩔 수가 없나 보다. 처음 그들을 보았을 때는 이십 대 새파란 청춘들이었는데 중년에 접어들어 나이 지긋한 댄서들이 여러 명 눈에 띄었다. 춤도 시대에 따라 변하는 것일까? 확연히 달라진 것은 춤을 출 때마다 가수가 직접 나와 노래를 불렀다. 빠른 템포의 음악에 소속을 알 수 없는 변형된 춤들이 많았다. 번뜩이는 조명 아래 현란한 춤 솜씨로 군중을 압도하던 댄서들 몇 명이 갑자기 무대 아래로 쏟아졌다. 관중들은 열광했다. 관객들도 춤을 추며 그들과 혼연일체가 되어 극장 안은 한바탕 춤의 물결로 들썩였다.

공연이 끝나고 흥겨운 이벤트가 있었다. 많은 관객 중에 무작위로 추첨하여 출연한 댄서들과 사진을 찍을 수 있는 행운을 주는 행사였다. 딸과 내가 당첨되었다. 세기적인 라틴 댄서 챔피언들과 나란히 포즈를 취하고 기념사진을 찍을 줄이야 상상이나 했겠는가!

지금은 고요함을 즐기지만 한때는 스포츠댄스에 매료된 적이 있다. 춤은 몸의 움직임을 통해 생각을 소통한다. 춤에 몰입하는 순간만큼은 세상의 모든 근심 걱정을 다 날려 버릴 수 있다. 스트레스와 질병으로 시달리는 사람에게 치유의 효과도 준다고 한다. 춤은 인간이 창조한 어느 예술 못지않게 위대한 예술이라는 생각이 든다. 사람의 감성과 사랑의 이야기를 춤으로 풀어낸 번 더 플로어의 공연은 아름다움의 진수를 보여주었다. 열정적인 음악과 환상적인 춤으로 무대를 불태우던 번 더 플로어에 대한 추억은 세상의 모든 춤을 찬미하며 오래도록 내 가슴에 담아 두고 싶다.

가을 남자

 텃밭에서 따온, 빨갛게 익은 고추를 대광주리에 담아 따가운 햇살에 내어 놓으니 제법 가을의 정취가 느껴진다. 자연의 순리는 거스를 수가 없나 보다. 지구를 녹여버릴 듯이 기세등등하던 여름도 꼬리를 감춘 지 한참 되었다. 호숫가에 서 있는 키 큰 느티나무도 앞마당의 잔디도 노르스름한 가을빛으로 물들어간다.
 나는 유독 가을을 좋아한다. 가을이 오면 내 마음은 타임머신을 타고 알래스카 앵커리지로 달려간다. 알래스카의 가을도 아름답기 그지없다. 파란 호수와 빙하와 어우러져 장관을 이루는 샛노란 단풍의 절경은 말로 표현하기 어려울 지경이다.

'알래스카' 하면 떠오르는 남자가 있다. 여염집 남자가 아닌, 구도자의 길을 걷는 한 사제司祭의 모습이 삽화처럼 나의 뇌리에 남아 있다.

나 신부님을 처음 대면한 곳은 알래스카 앵커리지 '성 안토니오' 성당에서였다. 그해 가을 나는 알래스카를 방문했다. 30여 년을 그곳에 정착해 살고 있는 부모님과 형제들이 그리울 때나, 조카들 혼사 때 한 번씩 들른 것이 벌써 여러 차례나 된다.

성 안토니오 성당은 미국인 전용 성당이었으나 당시에는 한인 성당이 따로 없었기에 오후 두 시 미사에 한해 우리 교포 신자들이 그 성전을 빌려 쓰고 있었다. 그날 오후 우리 가족 일행은 미사에 참례하기 위해 집을 나섰다.

성전 뜰에는 교우들이 속속 모여들기 시작했고, 서로 수인사를 나누며 반갑게 맞았다. 나이 지긋한 안어르신들은 거의 한복을 입고 오신다. 우리 어머니도 예외는 아니다. 이날만큼은 곱게 한복을 차려입고, 연한 녹둣빛 오팔반지나 파란 비취반지를 끼는 것을 소홀히 하지 않는다. 옷매무새, 장신구 하나에도 정성을 기울이는 것이 히느님에 대한 신자의 도리요, 주님을 기쁘게 해 드린다고 믿고 있었다. 하지만 내가 보기에는 또 하나의 이유가 있는 것 같았다. 고국에 대한 그리움의 표시다. 이날만큼은 너 나 없이 고향에 대한 향수에 젖고 싶었던 게 아닐까? 이국 만리타향에서 긴 고난의 세월을 견뎌내느라 얼마나 많은 애환이 교차했을까. 나는 한복을 차려 입은 신자들을 볼 때마다 가슴이 뭉클해지곤 했다.

새로 부임해 온 나 신부님의 주관으로 미사가 시작되었다. 그의 얼굴을 처음 본 순간 나는 왜 생뚱맞게 전임 신부님을 떠올렸을까? 전임 신부님은 훤칠한 키에 탤런트 뺨치는 미남이었다. 얼굴도 잘생긴 데다 강론까지 잘 하시니 신자들에게 인기가 대단했다. 두 분의 모습은 극명하게 대비되었다. 전임 신부님이 지성미 넘치는 호남형이라면 새로 오신 나 신부님은 정 반대였다.

신자들의 반응을 의식한 듯 나 신부님은 강론 말미에 문득 이런 말씀을 하셨다.

"여러분, 놀라셨지요? 사람들이 저를 보고 '가을 남자'라고 합니다."

가을 남자? 이게 무슨 말씀인가? 생각 중에 얼핏 떠오른 한자어가 있었다. 가을 추秋, 남자 남男, '추남秋男', 내 예측은 맞아 떨어졌다. 나뿐 아니라 대부분 교우들도 신부님의 말뜻을 알아차렸다. 한동안 성전 안은 웃음바다가 되었다. 나도 크게 소리 내어 웃었다. '신부님의 얼굴은 너무 못생겼습니다.〔醜男〕' 이렇게 직설화법으로 말하지 않고 '가을 남자〔秋男〕'로 표현한 신자들의 위트도 대단하지만, 그런 자신의 모습을 유머와 재치로 말씀하시니 얼마나 즐거운가.

미사가 끝나고 성당 지하 강당에서 친교의 시간을 가질 때도 화기애애한 분위기는 지속되었다. 300명 남짓한 교우들이 대부분 참석하여 파티 같은 즐거운 시간을 가졌다. 테이블 위에는 맛있는 다과가 준비되어 있고 왁자지껄 떠들며 나누는 정담은 그야말로 꿀맛이었다.

나 신부님은 마치 이웃집 아저씨 같았다. 역사면 역사, 예술이면 예술, 종횡무진으로 박식한 데다 신자들의 눈높이에 딱 들어맞는 화제로 분위기를 잘 이끌어갔다. 가까이에서 본 나 신부님의 모습은 만추晩秋의 보름달처럼 꽉 차 보였다. 처음 봤을 때의 염려스럽던 고정관념이 말끔히 씻기는 순간이었다. 세속에 찌든 나를 부끄럽게 한 고정관념이었다.

얼굴이 잘생겼다, 못생겼다 하는 것은 어디까지나 개인적인 관점일 뿐 절대적인 기준이 아니지 않던가. 사람이 가지고 있는 내면이 실력과 인간미로 가득 차 있다면 겉모습이 무에 중요할까? 나 신부님이야말로 진정 멋진 가을 남자였다.

세월이 흘러 알래스카는 이제 내게 그리움의 대상이 되었다. 알래스카! 지구상에 몇 곳 남아 있지 않은 청정지역, 지금쯤 그곳도 샛노란 단풍이 파란 빙하와 호수와 어우러져 절묘한 조화를 이루고 있을 것이다. 알래스카에는 무슨 조홧속인지 빨간색 단풍은 없다. 노란색 일색이다. 구월 초입에도 눈이 내리는 그곳은 어쩌면 지금쯤 눈이 펑펑 쏟아지고 있을지도 모르겠다.

이제 그곳에는 친지라고는 아무도 없다. 그윽이 내려다보시는 대형 성모상 가까이에 아버님과 어머님이 주님 품에서 영원한 안식을 누리고 계실 뿐이다. 형제들은 모두 본토로 이사 가서 제각기 다른 삶을 살고 있다. 또다시 그곳에 갈 수 있을까? 나 신부님도 이제 많이 늙으셨으리라. '가을 남자'와 함께 성전이 떠나가도록 웃음바다를 이루던 그 시절이 그립다.

4부
가을 여행

시몬과 함께한 미국 여행

재미없는 천국 캐나다

알래스카의 사계

크루즈 여행

성전의 나라 이탈리아

지상 낙원 하와이

삽당령 추억

가을 여행

시몬과 함께한 미국 여행

　시몬(남편)이 성한 몸으로 미국 땅을 밟은 것은 1990년이 유일했다. 다음 해 3월 부활절을 며칠 앞둔 어느 날 그는 농장에서 쓰러졌다.
　그날 아침 전화벨이 다급하게 울렸다. 그가 농장에서 쓰러졌다는 말을 인부한테서 전해 듣고 택시를 타고 급히 농장으로 향했다. 그렇게 익숙하게 드나들던 농장 입구를 찾지 못할 만큼 나는 제정신이 아니었다. 뇌경색으로 인해 왼쪽 수족을 꼼짝할 수 없는 중풍을 만난 것이다. 그의 나이 53세 때였다. 5개월여를 양방, 한방을 두루 거치며 근근이 일으켜 세우는 데는 성공하였으나 팔은 전혀 움직일 기미가 보이질 않았다. 그의 팔을 호전시키기 위해 여러 곳을 전전했지만 그런 시설을 찾기란 힘들었다.

 그즈음 동생들이 미국에 와서 한번 치료를 받아보면 어떻겠냐고 제안해 나는 지푸라기라도 잡는 심정으로 미국행을 결심했다. 그해 8월 말경 불편한 몸을 이끌고 시몬과 나는 알래스카 앵커리지로 향했다. 알래스카의 기온은 벌써 초겨울 날씨처럼 몹시 쌀쌀했다.

 우리는 그곳에서 한 달 넘게 성모병원에 다니며 통원 치료를 받았다. 이 병원은 야트막한 언덕에 사방이 숲으로 둘러싸여 경관이 아름답고 쾌적했다. 더구나 다행인 것은 우리가 그렇게 찾고 있던 물리치료실이 있는 게 아닌가? 두껍고 투명한 하얀 튜브처럼 생긴 호스에 팔을 집어넣고 작동시키면 자동으로 팔을 위 아래로 움직일 수 있게 만들어진 기계였다. 하루도 빠짐없이 치료를 받았는데 그의 팔이 점차 호전되기 시작하더니 마침내 혼자서도 움직일 수 있게 되었다. 한 시간 치료비가 엄청나게 비쌌지만 돈이 조금도 아깝지 않을 만큼 미국행을 택하기를 잘했구나 하고 안도의 숨을 쉴 수 있었다. 동생들이 한결같이 성원해 준 덕분이었다. 하루의 고된 일과를 마치고 지친 몸인데도 한 시간 넘게 그의 팔을 마사지해 주던 제부에 대한 고마움은 평생 잊지 못할 것이다.

얼마 후 우리는 귀국했다. 자신감을 얻은 시몬은 좋아하던 담배도 끊고 오직 운동만이 살길이라는 신념 하나로 열심히 운동을 했다. 그는 종종 자책의 말을 하곤 했는데,

"부모님이 내게 좋은 몸을 물려주셨는데 내가 잘못하여 몸을 망친 것 같아."

그런 말을 들을 때면 '알기는 아는구나' 하면서도 그가 몹시 안쓰럽고 불쌍했다. 그는 술을 좋아하고 동업자들과 어울려 밤새워 노는 것을 좋아했다. 발병하던 전날 밤도 꼬박 철야를 하고 바로 농장으로 갔던 것이다. 수면 부족과 탁한 담배 연기 속에서 지샌 밤이 그에게 치명타를 안긴 것이었다.

귀국 후에도 열심히 운동한 결과 혼자서 샤워도 하고 웬만한 곳은 남의 도움 없이 다닐 수 있을 만큼 몸이 회복되었다. 그러던 중 1998년 그의 회갑을 맞던 해에 미국의 동생들이 또 다시 우리를 초청했다. 동생들은 뜻을 모아 그의 회갑을 기념하고 축하해 주기 위해 본토 여행을 계획해 놓고 있었다.

알래스카에서 합류한 우리는 동생네 부부와 조카들과 함께 LA로 갔다. 나는 그곳이 낯설지 않았지만 그에게는 초행길이었다. 그곳에는 막내 여동생의 시숙모님과 사촌 시동생

이 살고 있었다. 맏이는 우리나라에서 벤처 기업인으로 크게 성공하여 큰 빌딩을 사옥으로 둘 만큼 번창하였고 동생도 식품 사업으로 성공하여 잘 살고 있었다.

　우리는 먼저 그분들의 집을 방문했다. 인정 많고 싹싹한 성품의 숙모님은 우리 일행을 몹시 환대해 주셨고, 집에 묵어갈 것을 권유하며 이부자리를 몽땅 꺼내 놓으셨다. 하지만 대식구가 머물기엔 너무 염치없는 짓 같아 극구 사양하고 호텔로 향했다.

　호텔에서 하룻밤을 묵은 후 아침을 맞아 식사로 무엇을 먹을까 궁리 끝에 우리 교포가 경영하는 식당에서 대구탕을 먹었는데 얼마나 맛이 좋던지! 그 맛은 최고의 맛이었다. 시몬도 매우 만족한 표정이었다. 점심은 순두부를 먹었는데 우리나라에서 먹은 것보다 훨씬 더 맛있었다.

　이역만리 미국 땅에서 여행 중에 맛있는 우리 음식을 마음대로 골라 먹을 수 있다니, 얼마나 행복한 일인가? LA 관광 중 빼놓을 수 없는 곳이 디즈니랜드와 유니버설 스튜디오로 동생들과 나는 이 두 곳은 이미 보았지만 시몬을 위하여 특별히 선정했다. 우리는 먼저 디즈니랜드로 갔다.

　그와 함께 처음으로 간 곳은 인공 호수 위에서 유명 영화배우가 나와 배를 타고 직접 악당들과 겨루는 스릴러 영화의

한 장면을 연출하는 호숫가였다. 많은 사람이 그 장면을 보기 위해 모여 있었는데 거기서 가장 감동을 받은 건 그곳 사람들은 장애를 가진 사람을 제일 먼저 배려해 주는 마음가짐이 일상화되어 있다는 것이었다.

어디를 가든 제일 앞쪽 좋은 자리가 우리 몫이었다. 동행한 가족들에게도 마찬가지였다. 자국민도 아닌 이방인에게도 단지 몸이 불편하다는 이유 하나만으로 자리를 내어주고, 장애인이라 오히려 자랑스러울 정도로 자긍심을 가질 만큼 배려하는 친절한 마음은 우리도 본받아야 될 것 같았다.

그는 있는 힘을 다해 열심히 걸어 다니며 디즈니 여러 곳을 구경했다. 〈인디아나 존스〉 영화의 한 장면을 연상케 하는 인공 밀림 숲을 가로질러 흐르는 물길에서 배도 탔고 마치 래프팅처럼 곡예에 가까운 물길을 그가 무서워하지 않도록 팔을 꼭 잡고 보호해 주려고 안간힘을 다 했다. 그 순간들이 파노라마처럼 펼쳐져 내 눈에 선하게 남아 있다.

그날 저녁 우리 일행은 그곳 사형의 저녁 초대를 받고 예약해 놓았다는 식당으로 갔다. LA에서 유명한 '토다이'라는 일식집이었다. 식당의 규모도 대단했지만 헤아릴 수 없을 만큼 갖가지 모양으로 진열된 초밥 종류와 게, 랍스타 등 푸짐한 해산물이 주류를 이루고 있었다. 우리는 예약된 좌석에 앉고서도 음식을 먹는 것도 잊은 채 예술품처럼 빚어놓은 초밥들을 구경하며 한참을 돌아다녔다.

시몬은 음식을 가리지 않고 무엇이든 잘 먹었지만 그중 회와 초밥을 특히 좋아했다. 우리는 원 없이 배불리 잘 먹었다. 그분의 따뜻한 정이 한없이 고마웠다. 언제쯤 알래스카에서라도 한번 만난다면 그 고마움을 보답하리라 마음먹었지만, 16년이린 긴 세월이 흐른 지금도 빚으로만 남아 있다.

다음 날 우리는 예정대로 유니버설 스튜디오를 관광한 후 밤 비행기를 타고 라스베이거스로 향했다. 얼마 후 우리가 탄 비행기는 라스베이거스 상공을 날고 있었다. 하늘에서 내려다본 그곳은 마치 보석을 뿌려 놓은 듯 휘황찬란한 불빛으로 불야성을 이루고 있었다. 밤 비행기를 탄 것이 절묘했다.

  미리 예약해 놓은 서커스 서커스라는 호텔로 갔다. 호텔은 지은 지 오래된 듯 노후하고 객실도 썩 마음에 들지 않았지만 그런대로 하룻밤 지내기는 참을 만했다. 라스베이거스는 호텔들의 천국이다. 당시 세계에서 가장 큰 호텔은 아이러니하게도 아프리카 어느 도시에 있었다지만 2위부터 16위까지가 이 라스베이거스에 있었다고 한다.

  다음 날 우리는 호텔 투어에 나섰다. 우리 숙소 가까이 있는 배 모양으로 지어진 보물섬이란 호텔을 둘러보고 시저스 팰리스라는 호텔로 갔다. 이 호텔은 마치 고대 로마시대를 연상케 하는 이탈리아의 한 도시를 옮겨다 놓은 듯한 호텔이었다. 천장에는 하얀 솜구름과 새털 모양의 구름이 적절히 조화된 하늘까지 재현해 놓고 있었다. 나는 1992년 이태리 여행 당시 여러 도시들을 보았기에 더 정감이 가고 마음에 와닿았다. 시몬도 신기한 듯 열심히 다니며 여러 곳을 구경했다.

  그날 저녁 우리는 숙소를 옮겼다. 락소우라는 호텔이었는데 아래층에 객실을 많이 배치하고 위로 올라갈수록 좁아져 제일 꼭대기는 뾰족한 삼각형의 피라미드처럼 생긴 호텔이었다. 최근에 지어진 듯 객실은 너무나 깨끗하고 잘 꾸며져 있어 우리를 마냥 행복하게 했다.

주말에는 숙박비가 엄청나게 비싸다고 했다. 우리는 주중에 묵었기 때문에 많은 할인 요금으로 행운을 잡았다. 숙소에 여장을 푼 후 시몬과 나는 호텔에 딸린 카지노에 들어가 가장 하기 쉬운 슬롯머신 앞에 자리를 잡았다. 50불을 동전으로 교환하여 실전에 나섰다. 시작하기 전 그와 약속했다, 50불을 다 잃으면 그것으로 끝내자고. 그날은 운이 좋았던지 그 돈으로 두 시간 정도 놀았지만 그대로 본전이었다. 주룩주룩 동전이 떨어지는 쾌감에 그는 한없이 즐거워했다. 나는 그의 체력이 걱정되어 일찍 숙소로 돌아왔다.

다음 날도 우리는 호텔 구경에 나섰다. 뉴욕뉴욕이라는 호텔이었다. 시저스팰리스 호텔이 로마를 연상케 한다면 이 호텔은 뉴욕을 옮겨다 놓은 듯했다. 뉴욕의 고층 빌딩처럼 지어진 외관과 거대한 놀이 기구들이 우리의 시선을 끌었다. 하늘 높이 치솟은 곳에서 마치 롤러코스터처럼 급속히 달리다 순간 아래로 내리꽂히는 아찔한 순간을 구경하며 가슴을 쓸어내렸다. 두 분 제부들은 우리의 만류에도 불구하고 그 기구를 탔다. 지금 생각하면 그때가 두 분들에게는 한창 시절이 아니었나 싶다.

  다음 날 우리는 승합차를 렌트해 캘리포니아주 남서단에 위치하고 있는 샌디에이고로 갔다. 바다를 끼고 있는 이곳은 일 년 내내 기온이 따뜻해 많은 관광객이 철을 가리지 않고 찾아오는 곳이란다. 우리는 이곳 관광의 명소인 씨월드로 갔다. 바다에 면해 있는 씨월드는 유원지처럼 꾸며져 있어 사람들이 붐볐다. 이곳 볼거리는 대형 고래 쇼였다. 덩치 큰 고래 몇 마리가 바닷물을 헤치며 돌아다니다 갑자기 지상 위로 솟구치며 큰 날개로 관광객들에게 바닷물을 퍼붓는다. 앞좌석에 앉은 사람들은 그 물을 흠뻑 뒤집어쓴다. 많은 사람들이 함성을 지르며 물을 피하는 모습은 보는 사람들을 열광의 도가니로 몰아넣었다.

  다른 한쪽에서는 돌고래 쇼가 벌어졌는데, 영민한 돌고래 몇 마리가 갖가지 묘기를 부리며 구경꾼들에게 재미를 주고 있었다. 연신 물 위로 뛰어오르던 한 마리가 갑자기 구경하던 한 여인을 잽싸게 낚아채 물속으로 끌어들였다. 여인은 허우적거리며 물속으로 가라앉았다 떴다를 연신 반복하며 죽을힘을 다해 설쳤는데, 바보 같은 나는 그것이 미리 연출해둔 것이라고는 전혀 눈치채지 못하고 가슴을 졸이던 일이 웃음을 자아낸다.

옆에는 동물들이 나와 갖가지 묘기를 부리는 동물 쇼도 볼만했다. 특별한 쇼가 한 가지 더 있었는데 새들이 펼치는 쇼였다. 살아있는 새들이 공중을 날며 갖가지 묘기를 부리는데 내 평생 처음 보는 진기한 볼거리였다. 사람들에게 즐거움을 주기 위해 그 친구들이 혹독한 훈련을 견디면서 흘린 눈물을 생각하니 한편으로는 연민의 정도 함께 느껴졌다.

이곳에는 우리나라 남산 타워처럼 높은 타워가 있었다. 그곳에 오르면 샌디에이고 시내를 한눈에 볼 수 있고 끝없이 펼쳐진 바다의 모습도 볼 수 있었다. 또 다른 매력이 숨겨져 있었는데, 가만히 있던 타워가 예고도 없이 마치 지진이 일어난 듯 마구잡이로 좌, 우로 흔들어 대는 것이다. 이 스릴만점의 묘미 때문에 비싼 입장료를 지불하고도 이 타워에 오른다. 나는 돈을 준다고 해도 다시는 오르지 않을 만큼 혼쭐이 났다.

우리는 이 샌디에이고 여행을 마지막으로 국내선으로 갈아타고 알래스카로 갔다. 그 후 시몬과 나는 수차례 더 알래스카를 다녀왔다. 그곳 가족들이 보고 싶을 때나 조카들 결혼식에 참석해 회포를 풀곤 했다.

이 글을 쓰는 지금 시몬은 내 곁에 없다. 여행을 다녀온 후

15년을 더 함께 하다 2년 전 홀연히 내 곁을 떠나 주님 품으로 돌아갔다.

혼자서 그때 찍은 사진첩을 한 번씩 꺼내 본다. 불편한 몸을 이끌고 다닌 지친 여행이었는데도 행복하게 웃는 모습이 내 마음을 더욱 시리게 한다. 그때가 그에게는 가장 행복한 순간이 아니었을까?

그에게 제일 미안한 것은 여행 중에 빨리 걷지 못함을 탓하며 재촉했던 것이다. 나 자신이 한없이 후회된다. 그인들 왜 빨리빨리 걷고 싶지 않았겠는가? 그를 좀 더 따뜻하게 배려해 주지 못한 내 옹졸함이 한없이 밉다. 더 많이 사랑해 주지 못해 늘 미안한 시몬, 지금은 천국에서 미국 여행 때보다 더 행복한 여행을 하고 있기를.

재미없는 천국 캐나다

돌이켜 보면 그해 여름은 내 생애에 흔치 않은 시간이었다. 인종의 도가니라는 미국과 달리 인종의 모자이크라는 캐나다를 여행한 것은 색다른 경험이었다. 60이 넘은 나이에 마치 어린애처럼 동심에 젖어 동요를 부르며 달리던 캐나다의 고속도로, '고스트'라는 산장에서 소녀처럼 잔디밭에 엎어져 턱을 고이고 찍은 사진들을 보며, 청일점으로 별로 말이 없던 목사님이 우리의 나이를 빗대어

"호박꽃 일색이로구면." 하실 때

"목사님, 그래도 벌을 잡는 꽃은 호박꽃뿐입니다."라고 맞받아치던 일이 생각난다.

'메릿'이란 캐나다의 한 조용한 시골 마을에서 숙소 난간

에 기대어 서쪽 하늘에 걸린 달을 보며 잠 못 이루고 향수에 젖던 일, 캐나다 여행 중 한 양식당에서 덜 익은 스테이크를 더 구워 달라고 요청했는데 새카맣게 숯검댕이로 만들어온 스테이크를 대면했을 때의 그 낭패감, 2006년 월드컵이 열리던 그해 대형 스크린으로 교포들과 함께 토고와의 경기를 보던 중 선취점을 올린 우리 선수들에 열광하며 생면부지의 옆사람들과 얼싸안고 기쁨을 나누던 순간들이 주마등처럼 스쳐 지나가며 행복한 미소를 짓게 한다.

2006년 6월 3일, 크루즈 여행이 끝나자 곧바로 캐나다로 이동했다. 그날 아침 젊은 청년이 밴을 몰고 나타났다. 캐나다 여행을 안내할 가이드였다. 우리는 시애틀과 캐나다 국경에 있는 출입국 사무소로 갔다. 간단한 출국 심사를 마치고 뒷문을 통해 나서면 바로 캐나다 땅이었다.

산악과 평원, 호수와 빙하가 끝없이 펼쳐진 캐나다 땅에 들어섰다. 한참을 달려 밴쿠버에 도착했다. 밴쿠버는 영국색 짙은 브리티시컬럼비아주 제일의 도시로 캐나다의 태평양 쪽 관문이다.

유창한 가이드의 안내를 받으며 깨끗한 공기와 아름다운 도시를 구경하다 우리 교포가 경영하는 식당에서 김치찌개로 점심을 먹었다. 세계 어디에서나 우리 음식을 먹을 수 있

다니 너무나 행복했다. 밴쿠버시의 북서쪽에 있는 스텐리공원으로 갔다. 시내에서 멀지 않은 이곳은 사람이 만든 인공공원이 아니라 자연 지형을 그대로 살리고 원생림이 주류를 이루는 천연 공원이다.

인간의 발길이 닿지 않는 태곳적 자연림의 생성지대로 돌아간 듯한 착각에 만을 따라 일주 도로로 가노라면 인디언 7개 부족에 나무로 깎아 만든 거대한 8개의 토템들이 보였다. 흡사 우리나라 천하대장군, 지하여장군의 모습과 닮았다는 생각이 들었다. 우리는 공원에서 많은 사진을 찍고 그곳을 나왔다.

다음 날 아침 9시경 우리 일행 9명을 태운 승합차는 고도가 높아지는 고속도로를 달렸다. 무궁무진 풍성하게 자란 침엽수림과 사이사이 강을 보며 차는 계속 달렸다. 어린 시절 불렀던 동요를 합창하며 동심에 젖는 동안 꽤 많은 거리를 달렸다. 가이드가 재미있는 우스갯소리를 했다.

"캐나다는 재미없는 천국이요, 서울은 재미있는 지옥이라 하는데 여러분은 어느 쪽을 택하겠습니까?"

난감한 질문에 선뜻 대답할 수 없었다. 쉬지 않고 달려 온 차는 밴프공원에 들어섰다. 밴프공원은 재스퍼공원과 가까이 있으며 로키의 휴양지로 캐나다의 쌍벽을 이루는 두 국립공원이다. 그곳에서 삭도를 타고 높은 산 중턱으로 올라갔다. 멀리 발아래 파란 호수가 보였다. 내려오다 산세가 수려하고 울창한 숲이 있는 곳에 또 다시 한인식당을 만났다. 식당 옆 벽면에는 손님들이 남기고 간 소회의 글이 빼곡히 적혀 있었다. 우리 동포들이 남긴 글이 많았다. 우리 일행도 각자 한 구절씩 흔적을 남기고 된장국 한 사발씩 비우고 그곳을 떠났다.

캐나다는 복 받은 나라다. 수많은 지하자원과 원목들, 산

림자원은 전 국민이 300년을 먹고 살아도 남을 만큼 이어질 것이라고 한다. 대학까지 학비도 국가에서 책임지고 사회복지제도가 잘 되어 있어 사회주의 국가나 다름없는 나라라고 했다. 그 때문에 국민들은 게으르고 돈에 대한 절실한 애착도 없다고 했다.

가는 도중 110개의 차량을 달고 긴 터널을 달리는 기차를 운 좋게 볼 수 있었다. 그 긴 기차가 한 바퀴 나선형을 그리며 머리와 꼬리가 서로 바라보며 통과하고 있는 모습은 참으로 장관이었다. 다음으로 우리가 만난 건 루이스호수였다. 처음에는 에메랄드그린호수라고 이름이 붙었지만 후에 빅토리아 여왕의 딸 루이스 공주의 이름을 따서 루이스호수가 되었다. 캐나디안 로키의 보석이라고 일컬어지는 이 호수는 눈과 얼음에 덮인 빅토리아산과 어우러져 절경을 이룬다. 연어잡이로 유명한 강 건너 고스트라는 아름다운 리조트에서 꽃들과 함께 기념촬영을 했다.

우리 일행은 캐나다 여행의 정점인 컬럼비아 빙원의 설상차 여행길에 올랐다. 6월 중순부터 9월 중순까지만 운행하는 전 세계 7대밖에 없다는 설상차를 타고 빙하를 돌아보는 여행 코스다. 먼저 셔틀버스로 빙하 중턱까지 간 다음 설상차로 갈아탄다. 경사진 오르막길을 힘 좋은 스노모빌이 한달음에 올라간다. 넓은 빙원 위에 올랐다. 빙하는 바다나 육지에서 멀리서만 보았지 직접 빙하 위로 올라선 건 그때가 처음이었다. 6월인데도 대단히 추웠다. 이곳에 올 때엔 완전한 겨울 복장을 해야 하며 두꺼운 파카와 모자, 선글라스는 필수다.

넓은 빙하 위는 세계 각국에서 온 여행객들로 북적이고 있었다. 크레바스란 걸 그때 처음 보았다. 좁은 틈새가 깊이를 측량할 수 없을 만큼 이어져 있었는데, 만약 그곳에 빠진다면 어떻게 될까? 상상하기조차 끔찍하고 무서웠다. 빙원 위에서 사진을 찍고 설상차에 올라 아래로 내려왔다.

캐나다 여행 중 빼놓을 수 없는 곳이 캘거리이다. 밴프에서 캐나다 하이웨이로 2시간 30분쯤 동쪽 비탈을 내려오면 중부 대평원이 시작되는 곳에 캘거리가 있다. 우리나라가 1988년 하계 올림픽을 할 때 이곳에서는 동계 올림픽이 열렸다.

우리는 당시 선수들이 숙소로 사용했던 선수촌으로 가 보았다. 키 큰 나무가 군데군데 서 있어 운치 있고 조용한 곳에 동아건설이 지은 구조가 예쁘고 깨끗한 리조트가 있었다. 개인에게도 분양되어 우리는 이곳에 여장을 풀고 여가를 즐겼다.

우리의 캐나다 여행도 며칠 남지 않았다. 캐나디안 로키를 관광한 후 밴쿠버로 되돌아왔다. 페리를 타고 빅토리아로 향했다. 빅토리아는 브리티시컬럼비아주의 주도이며 조용한 항구 도시였다. 1845년 영국의 빅토리아 여왕이 식민지로 삼은 데서 빅토리아란 이름이 붙여졌다고 한다. 빅토리아 왕조시대의 중후한 건물들이 늘어서 있고 빨간 2층 버스가 시내를 다니고 있었다.

시가지를 둘러본 후 주 의사당 앞으로 갔다. 의사당은 19세기에 세워진 건물로 중앙에 큰 돔이 있고 몇 개의 작은 돔들이 우뚝우뚝 서 있어 건물이 더 중후하게 보였다. 의사당 앞에는 푸른 잔디가 깔린 아름다운 정원이 있었고 그 위에 빅토리아 여왕상, 돔 위에는 캡틴 조지 벤쿠버(북아메리카 지역의 해도를 만든 유명한 영국 탐험가)의 입상이 위풍당당하게 서 있었다. 20명 이상이면 의사당 내부를 관람할 수 있는데 우리는 운 좋게 행운을 잡았다.

그날 오후 우리는 시내에서 북쪽으로 약 20km가량 떨어져 있는 부차드가든에 갔다. 원래 이곳은 시멘트 제조용 석회석 채굴장이었는데 공장주인 부차드 부부가 황폐해진 이곳에 세계에서 모아온 관상용 화초와 나무를 심어 아름다운 정원으로 변모시켜 놓았다. 있는 그대로의 지형을 살려 연못과 폭포를 배치하고 각 나라의 특성을 살린 정원과 높은 아치형 사다리 위에 줄장미를 올려 만든 장미원은 내 마음을 사로잡았다. 흐르는 얕은 물길 위에는 돌다리를 군데군데 놓아 운치를 더했다.

우리 선조들이 정원을 꾸밀 때 먼 산세와 물이 마치 내 정원의 일부인 것처럼 느껴지게 만드는 차경 문화가 특징이라는데 이 정원은 울타리를 만들고 그 안에 정원을 꾸민 것이 독특했다. 많은 사람들이 정원을 감상하느라 여념이 없었다. 일 년에 백만 명 이상이 이 정원을 찾는다고 한다. 평생 나무 농원을 경영한 나의 감회는 남달랐다. '나의 오늘이 나의 과거를 디자인 한다' 는 말이 이래서 생겨난 모양이었다.

알래스카의 사계四季

알래스카! 눈이 시리도록 하얀 눈으로 뒤덮인 알래스카를 만난 것은 30여 년 전이다. 실제로 그 땅을 밟아보기 이전에는 많은 선입견을 가진 곳이었다. 미디어 수단도 접하기 어려워 그 땅에 대해 아는 것이 별로 없었다. 내 부모 형제가 이민 가서 살고 있는 곳이라 막연한 기대를 품었던 것이 고작이었다. 영하 40도를 오르내리는 극한 지방에서 추워서 어떻게 살까? 이것이 제일 큰 의문이었다.

걱정은 기우에 불과했다. 나는 그곳을 여러 번 여행하면서 사계절을 모두 즐겼다. 알래스카에도 봄이란 게 있을까? 짧기는 해도 봄의 향연이 펼쳐진다. 동생네 집은 앵커리지에서 차로 40여 분 걸리는 와실라라는 작은 도시인데 처음 그곳을 방문한 날의 기억은 평생 잊을 수 없다. 봄이 막바지에 접어든 때였다. 집으로 들어가는 길목에 피어있던 이름 모를 야생화의 소박한 모습은 참 인상적이었다. 알래스카에서 꽃을 만날 줄이야! 그곳 사람들은 집을 지을 때 자연의 경관을 최대한 살려 정원의 일부로 만든다. 집 안에 아름드리 키 큰 나무도 있고 들꽃과 버섯까지 돋아나 어우러져 있는 풍경은 내 마음을 사로잡았다.

고사리를 꺾으러 먼 산행을 가는 것이 봄날에 할 수 있는 특별난 재미다. 재배를 한 것처럼 오동통한 고사리가 낫으로 벨만큼 지천으로 널려있다. 꺾어 온 고사리를 푹 삶아 햇볕에 말려, 고국의 가족 친지에게 선물로 보내면 얼마나 반가워하던지! 그때만 해도 이민자가 많지 않아 가능했다. 특히 고사리를 좋아하는 우리 동포들이 입소문을 타고 대량으로 고사리를 꺾어가는 바람에 씨를 마를 지경에 이르렀다. 지금은 일절 산나물 채취 금지령이 내려졌다고 한다.

알래스카는 기온이 조금씩 오르면서 여름이 시작된다. 말이 여름이지 기온이 섭씨 22~25°를 거의 넘지 않으니 여행하기에 딱 좋은 계절이다. 기껏해야 반바지 차림으로 돌아다니는 것이 여름이 왔다는 신호였다. 마당 한편에는 텃밭을 만들어 상추, 깻잎, 실파 등을 심어 식탁에 올린다. 땅심이

좋아 별도의 거름을 주거나 농약을 뿌리지 않아도 채소가 잘 자란다. 여름은 낮의 길이가 한없이 길다. 밤 12시가 넘어도 그대로 대낮이다.

  이때는 바다나 강으로 낚시를 하러 간다. 알래스카는 낚시 천국이다. 주로 연어가 많이 잡히는데 크기가 엄청나다. 하지만 연어는 기구하고 슬픈 일생을 살다 생을 마감한다. 연어는 강에서 태어나 바다로 가서 실향민처럼 몇 년을 살다가 산란기가 되면 수천 km를 거슬러 자기가 태어난 고향 하천으로 돌아온다. 아무리 물살이 거세도 아랑곳하지 않고 흐르는 강물을 거꾸로 오른다. 폭포를 만나도 뛰어오르며 고지를 넘는 장면을 보면, 도대체 그 힘의 원천은 무엇일까! 놀라웠다. 험로를 오느라 온몸이 만신창이가 된다. 돌아온 연어는 먹는 것도 잊은 채 오직 산란에만 온 정열을 불태우다 산란 후에는 미련 없이 생을 마감한다. 이때 연어의 몸은 붉은 빛깔을 띠는데 계곡이나 강가에 죽은 연어가 수없이 떠 있는 장면은 알래스카 여행의 또 다른 볼거리다.

  여름철에는 뭐니 뭐니 해도 빙하를 보러 가는 것이 압권이다. 수만 년의 세월이 만들어 낸 투명한 푸른빛이 도는 빙하가 끝없이 펼쳐져 있다. 이 거대한 자연 앞에 서면 저절로 숙연해지면서 겸손을 배운다. 알래스카는 이 빙하 하나만으로도 꿈의 여행지가 아닌가 싶다.

알래스카의 가을은 노루 꼬리만큼이나 짧다. 짧기에 더 애틋하고 아쉬움이 남는 걸까. 차를 타고 집을 나서면 크고 작은 호숫가에 샛노란 단풍이 파란 호수와 어우러져 장관을 이룬다. 우리나라 가을 단풍이 붉은색과 노란색이 섞여드는 것과 달리, 붉은색 단풍은 거의 없다. 이것을 보완해 주기라도 하듯, 상사화보다 더 붉은 파이어 위드fireweed가 무리지어 핀다. 산불이 휩쓸고 지나간 자리에 피어나서 이름이 붙여졌다고 한다. 불꽃처럼 빨간 파이어 위드가 곳곳에 피어있어 노란 단풍과 절묘한 조화를 이룬다.

알래스카의 겨울은 일찍 시작된다. 9월에 접어들면 살을 에는 듯한 차가운 공기가 옷 속으로 스며들어 몸을 오싹하게 한다. 일찍 눈이 오는 해는 9월 초입에도 눈이 내린다. 한겨울에는 거의 매일같이 눈이 내린다. 햇볕이 화창한 날은 손에 꼽을 정도로 며칠 안 된다. 산 정상에는 기온이 낮아 나무가 자라지 못한다. 거의 모든 산들이 알프스로 변해있다. 산자락에만 가문비와 자작나무들이 자라는데 하얀 눈꽃을 이고 온 세상이 순백의 겨울 왕국이 된다.

아침에 눈을 뜨면 집 앞에 쌓인 눈 치우기가 일상화되어 있고 도로 위에는 제설차들이 바쁘게 움직인다. 이때는 대부분 집 안에서 보내지만 외출 시에는 스노타이어에 체인을 감아 운행한다. 폭설이 제일 심한 곳이 알래스카와 미국 동부 지역인데 이때는 비행기도 결항되어 여행객들의 발이 묶이기도 한다.

알래스카 여행 중 행운을 만난다면 오로라 현상을 보는 것이다. 오로라는 로마 신화에 나오는 새벽의 여신 에오스 이름에서 유래했다고 한다. 전자입자가 포함된 바람이 지구로 불어오다 대기권의 상층부 공기와 부딪히면서 발생한다. 주로 겨울에 많이 발생하지만 여름에도 나타난다. 나는 운 좋게 두 계절에 한 번씩 보았다.

여름철엔 가족들과 함께 낮에 캠핑장에서 일어난 일이다. 하늘을 쳐다보며 길게 누워 휴식을 즐기던 중에 기이한 현상을 발견했다. 마치 흰 구름이 춤을 추며 일렁이는 듯한데 그것이 오로라인 줄은 그곳 식구들이 알려준 후에야 알게 되었다. 겨울에는 초록과 보랏빛이 섞인 듯한 신비한 빛줄기가 주룩주룩 흘러내렸다. 마치 도깨비불처럼 느껴져 살짝 무서웠지만 스릴 있는 색다른 경험이었다.

알래스카의 겨울밤은 한없이 길다. 오후 서너 시쯤 되면 벌써 어둡기 시작한다. 해는 북쪽에서 떠서 북쪽으로 질 만큼 금방 넘어간다. 하지만 오랜만에 만난 가족들의 이야기는 그칠 줄 몰라 그 긴 겨울밤도 짧기만 했다.

알래스카! 지구상에 이만큼 청정한 지역이 몇 개나 남아 있을까! 이곳은 뱀 같은 파충류는 아예 서식하지 않는다. 벌레도 거의 눈에 띄지 않았고 먼지도 많이 나지 않는다. 정수기가 없어도 마음 놓고 수돗물을 먹을 수 있는 곳, 더구나 내 부모 형제의 애환이 서린 곳! 이제 형제들은 모두 따뜻한 남쪽 지방으로 이사 가고 가족이라고는 아무도 없다. 오로지 부모님 두 분이 알래스카 성당 묘역에서 영원한 안식을 누리고 계실 뿐이다.

많은 세월이 흘렀다. 또다시 그곳에 갈 수 있을까! 황혼기에 접어든 내가 한 번이라도 더 그곳을 찾아가 부모님 산소에 절하고 성묘할 수 있는 날이 올까? 난망한 생각에 가슴이 저리다. 가족들이 함께 모여 웃고 떠들었던 그 시절이 그립다. 하지만 추억이 있는 한 우리는 늘 함께 있음을 느낀다.

깊어가는 가을밤, 그리움도 깊어진다.

크루즈 여행

30여 년 전, 알래스카를 방문했을 때의 일이다. 수어드라는 작은 항구에 여행을 갔었다. 그곳에서 크루즈를 만날 줄이야! 멀리 바다 한가운데 호화유람선이 정박해 있었다. 도대체 저런 큰 배를 타고 바다를 누비며 여행하는 이들은 어떤 계층의 사람들일까? 나와는 다른 세계에 사는 사람들 같아 부러움의 시선을 보낸 적이 있다. 지금은 크루즈 여행이 보편화되었지만, 그때만 해도 누구나 쉽게 할 수 있는 여행이 아니었다. 그런데 꿈으로만 여겼던 크루즈 여행의 행운이 살며시 다가왔다.

메신저 역할을 한 이는 나의 이모였다. 크루즈 여행을 가자는 것이다. 이모의 친구가 미국 워싱턴주 시애틀에 살고 있는데 그분 집에 신세를 지면 숙박비 걱정도 없고 모든 여행 스케줄을 한국에서 잡을 수 있다고 했다.

나는 우리 아파트 멤버들을 적극 추천했다. 여섯 명이었다. 우리는 한 아파트 한 지붕 아래 이십여 년을 함께 살고 있는 살가운 이웃이며 친구였다. 우리는 모임을 결성해 언젠가 한 번은 해외여행을 가자고 다짐하고 경비까지 모아 둔 상태였다. 이모도 흔쾌히 승낙했다.

우리 일행은 시애틀과 인접한 캐나다, 시애틀 항만에서 출발하는 크루즈 여행까지 알찬 계획을 세우고 장도에 올랐다. 항공료를 줄이기 위해 직항 노선을 고집하지 않았다. 여행 경비 중 제일 부담이 큰 것이 비행기 운임이기에 일본을 경유해 로스앤젤레스에서 국내선으로 갈아타서 항공료를 절반으로 줄일 수 있었다. 밤늦은 시간에 시애틀에 도착해 우리가 머물 봉춘 자매님 댁에 여장을 풀었다.

날씨도 청명한 5월의 어느 날, 드디어 대망의 크루즈 여행 D-day였다. 국위선양을 위해 한복도 챙기고 선상에서 입을 드레스며 장신구를 챙긴 여행 가방을 들고 시애틀 항만에 배를 타러 갔다.

'홀랜드아메리칸라인'이란 글씨가 배 옆면에 새겨진 두 대의 크루즈가 연안에 정박해 있었다. 많은 인파가 승선하기

위해 북새통을 이루었다. 우리는 교포 몇 분과 함께 수속을 마치고 배에 올랐다. 이 배는 수천 명의 승객들을 수용하는 바다 위의 호텔이다. 우리는 세계 여러 나라 여행객들과 함께 구명조끼를 입고 조난 시 주의사항을 들었지만 외국어 실력이 짧아 알아듣지 못했다.

  배 안에는 모든 시설이 완비되어 있었다. 크고 작은 풀장과 극장, 영화관, 많은 인파가 춤을 추며 즐길 수 있는 넓은 홀, 심지어 그림을 경매하는 소더비장까지 갖춰져 있고 규모가 각기 다른 형태의 상점들이 즐비해 작은 도시를 방불케 했다. 이 배가 낮에는 관광을 하고 승객들이 잠든 밤에는 북쪽으로 전진해 갔다.

    크루즈 여행 셋째 날, 잠에서 채 깨지도 않았는데 빙산을 보러 나오라는 옆방의 연락을 받고 3층으로 올라갔다. 떠내려 온 얼음덩어리와 만년설이 쌓인 빙산이 끝없이 이어져 있었다. 많은 인파가 자연의 조화와 조물주의 위대함을 눈에 담느라 여념이 없었다.

    배는 거대한 빙벽 앞에 정박했다. 승객들이 눈동자에 마음껏 담아갈 수 있도록 배려해 주었다. 잠시 후 빙하의 일부가 천지를 진동하는 굉음을 내며 바다 한가운데로 떨어졌다. 쏟아지는 얼음덩어리의 일격을 맞고 용솟음치는 물결은 바다 밑에 거대한 짐승이 꿈틀거리는 듯했다.

    이 크루즈호는 가는 도중 주노와 케치켄, 싯카라는 소도시에 정박할 것임을 미리 알려주었다. 알래스카주에서 가장 부유하고 아름답기로 소문난 주노에 내렸다. 주노는 알래스카의 주도다. 우리는 버스를 타고 시내를 구경하고 만년설이 뒤덮인 빙산 계곡에서 맑고 싱그러운 공기를 들이켜며 행복한 하루를 보냈다.

    다음 날은 케치켄이란 작은 도시 관광여행이 잡혀있었다. 희망자에 한하였다. 나는 가지 않고 민속 쇼를 구경하고 튤립이 만발한 꽃밭에서 사진을 찍으며 일행이 돌아오기를 기다렸다.

  9박 10일의 크루즈 여행도 막바지로 치닫고 있었다. 이 여행의 마지막 코스가 될 싯카라는 도시는 아침 이른 시간에 도착이 예정되어 있었다. 새벽잠까지 설치며 바쁘게 움직였다. 미국이 알래스카를 매입하기 전까지는 알래스카의 주도였다. 러시아풍의 집과 가게들이 고스란히 남아 있어 감회가 새로웠다. 가장 인상적이었던 곳은 하와이라는 별명이 붙은 아름다운 해변에 지어진 실버타운의 모습이었다. 화산 분출로 생긴 곳인데도 푸른 잔디와 기화요초가 만발해 황혼의 노인들에게 기쁨과 희망을 선사하고 있었다. 크루즈가 목적지 세 도시를 다 돌고 시애틀로 회항하는 중에 멀리 캐나다의 아름다운 도시 빅토리아의 모습이 눈길을 끌었다.

  크루즈 여행의 마지막 날 밤, 우리 일행은 한복을 곱게 차려입고 외국인들의 뷰티풀, 원더풀 하는 찬사를 한 몸에 받았다. 각 나라별로 원탁 테이블 앞에 둘러앉아 종업원들의 극진한 환대를 받으며 식사를 했다. 음악이 흐르는 홀 안은 온통 축제가 되어 영원히 잊지 못할 아름다운 밤이었다.

  다음 날 예정된 일정을 마친 우리는 호화유람선과 작별했다. 자매님 댁에 도착하니 내 집에 온 듯 포근했다. 지금 생각해 보니 여행은 우리 인생살이처럼 기쁨과 아픔이 교차했다. 난생처음 일본 나리타공항에 내리던 날은 늦은 봄비가 대지를 촉촉이 적시고 있었다. 유난히 비 오는 날을 좋아하는 나는 잿빛 하늘도 운치 있게 보여 좋았다. 하지만 중국에서 출발하여 우리를 실어 갈 비행기가 두 시간 넘게 연착되어 계류장에서 기다리던 순간은 인내심이 필요했다.

보다 더 기막힌 사연은 로스앤젤레스에서 일어났다. 출발 시간과 좌석이 배정된 비행기 티켓을 받았다. 안심하고 공항 구석 후미진 곳에서 당시 유행하던 꼭짓점 댄스를 배우며 웃고 떠드는 동안, 출발 시간이 변경되어 비행기를 놓치고 말았다. 환승할 때 흔히 있는 일인데 살피지 못한 것이 큰 실수였다. 그때의 낭패감을 서로 다독이며, "괜찮아~ 먼 훗날에는 더 애틋한 추억으로 남을 거야." 했던 말이 사실로 입증되었다.

크루즈 여행을 통하여 놀라운 대자연의 신비 앞에 겸허함을 배웠다. 좋은 사람과 함께 하는 여행은 즐거움을 넘어 충만한 행복을 선사했다. 크루즈 여행은 여행 프로그램으로는 단연 으뜸이었다.

성전의 나라 이탈리아

1992년 9~10월에 걸쳐 한 달 넘게 이탈리아 여러 도시를 여행하게 되었다. 사부인과 그분의 친구 로사 씨, 나, 세 사람이 함께 로마로 여행을 떠났다. 사위와 딸이 이태리 로마에 유학 중이었기에 사부인과 동행한 것이다. 우리는 암스테르담 스키폴 국제공항에 내려 그곳에서 환승하여 두 시간 넘게 걸려 이태리 다빈치공항에 도착했다.

공항에는 사위의 지인인 한 청년이 마중을 나왔는데 그분의 차를 얻어 타고 딸네 집으로 향했다. 유럽 여행은 그때가 처음이라 모든 것이 새롭고 신기하기만 했다. 도로 옆에 늘어선 고색창연한 건물들과 소나무 가로수가 한결 운치 있고 멋있었다. 얼마를 달려 딸네 집에 도착했는데 집 밖에 세워진 차들을 본 순간 조금 놀랐다. 하나같이 소형차들이었다. 우리나라의 티코만 한 차들이 대부분이었다. 우리나라 사람들이 큰 차를 선호하는 것과는 많이 대비되었다.

사위 내외가 세든 집은 6층 높이의 건물인데 2~3명이 탈 수 있는 좁은 공간의 엘리베이터가 있었고 계단은 전부 대리석인 것이 인상적이었다. 이태리처럼 대리석이 풍부한 나라는 보지 못했다. 어디서 그 많은 대리석이 나오는지 아직도 의문이다.

세든 집은 생각보다 훌륭했다. 부부가 쓰기에 넓은 침실에는 우리 세 여행자들을 위해 급조된 3인용의 침대가 놓여 있었고 복도 건너편 넓은 공간은 거실 겸 식당과 서재로 사용하고 있었다. 우리는 그곳 유학생들 몇 사람을 초대하여 조촐한 파티도 했는데 성악을 전공하는 학생, 조각가를 꿈꾸는 사람, 그림을 그리는 분 등 다양한 분야에서 공부하고 있었다. 한국에서 준비해 간 떡볶이 요리가 대단히 인기가 있었다. 그때만 해도 우리 음식이 귀할 때라 맛있게 먹는 모습에 마음이 짠해졌다. 그때 딸이 김치가 먹고 싶어 양배추로 김치를 담가 너무 맛있게 먹었다고 한 말이 지금도 기억난다.

우리는 그곳에서 한 달 넘게 체류하며 이탈리아 여러 도

시를 여행했다. 로마 테르미니역은 딸이 사는 동네인 꼴리알바니에서 지하철로 한 10여 정거장 걸렸는데 우리는 이 로마역을 수없이 다녔다. 처음 며칠은 로마 시내를 집중적으로 관광했다.

여행에서 가장 기억에 남은 것은 기차여행이었다. 목적지가 정해지면 새벽이나 이른 아침에 테르미니역에서 기차를 타고 그곳을 향해 달렸다. 기차 안은 칸막이가 되어 있어 남에게 방해를 주지도 받지도 않으며 마치 방 한 칸을 차지한 것 같았다. 집 소파처럼 편안하고 푹신한 의자에 비스듬히 기대앉아 차창을 내다보며 달리는 기차 여행도 여간 재미난 게 아니었다.

우리는 하루해가 지면 밤기차를 타고 집으로 돌아왔다. 이탈리아는 물가가 대단히 비쌌다. 여행지에서 숙식을 해결하는 것은 엄두도 못 내고 먹거리는 항시 집에서 준비해 간 간단한 음식을 차 안에서 먹거나 호젓한 곳을 찾아 길 위에서 해결했다. 그래서 우리의 기차여행은 차식車食 아니면 노식路食이라고 우스갯소리를 했다.

이탈리아! 장화처럼 길게 뻗은 반도 나폴리와 소렌토가 있는 남쪽 도시부터 북쪽 알프스 코르티나 담페초 마을까지 여러 도시를 다녀보았지만 각 지방 도시의 모습은 각양각색, 정서가 달랐고 감동이 달랐다. 이탈리아는 한때 100여 개의 작은 도시국가로 이루어졌던 나라로서 독립된 나라가 아니라 통일된 국가였던 것이다.

반도라는 공통점 때문인지 사람들도 우리와 많이 닮아 있었다. 새까만 머리색깔이며 검은 눈동자, 가무잡잡한 피부색까지, 기질도 격하고 거친 데가 있었다. 길거리에서 욕설을 퍼부으며 심하게 다투는 모습도 볼 수 있었고 시장통에서 큰 멸치로 담근 엔초비라는 젓갈을 본 순간 '아~! 이탈리아 사람들도 우리처럼 젓갈을 먹는구나' 하고 신기하게 생각했던 기억이 난다.

실제로 이태리 남부 알비에는 꼬레아라는 성을 가진 집성촌도 있다고 하는데 여기에는 슬픈 사연이 있다.

400여 년 전 정유재란 당시 일본인에 의해 수많은 전쟁고아가 마카오, 인도, 유럽 등으로 팔려갔는데 이 중 한 명이 로마를 거쳐 이태리 남부까지 가게 되었으며 그의 이름이 안토니오 꼬레아라고 했다. 그는 최초로 유럽 땅을 밟은 한국인이며 그의 후손으로 추정되는 사람들이 아직 알비 지방에 살고 있다 하니 신기함과 친근감이 함께 느껴졌다.

우리나라가 6~7월에 장마가 오는 것과는 달리 이탈리아는 겨울에 비가 많이 내리는 지중해성 기후라고 했다. 어느 도시를 가도 광장이 많았고 어김없이 아름다운 분수가 있었다. 유적과 성전건물, 박물관, 미술관들이 지천으로 널려 있었다. 조상들이 물려준 문화유산을 지키기 위해 지금도 거리 곳곳에서 건물들의 찌든 때를 벗겨내고 유적을 발굴하기 위해 땅을 파는 모습도 보였다. 거리에는 휴지조각이 나뒹굴고 지저분한 모습도 보여 약간은 실망스러웠지만 이해는 되었다. 한 해 수천만의 관광객이 찾는다고 하니 어찌 깨끗하게만 관리할 수 있겠는가.

정부는 유적을 지키기 위해 엄청난 노력과 비용을 투자한

다. 그래서 국민은 잘 살아도 정부는 늘 재정난에 허덕인다고 한다. 나는 그곳에서 인간이 창조한 많은 것을 보고 들으면서 인간이 얼마나 위대한가를 새삼 느끼고 감동을 받았다.

다음 날은 사위가 요한 성당에 데려갔다. 이태리 요한 대성당은 성 베드로 성전, 성 바오로 대성전, 성모 마리아 대성당과 함께 로마 4대 성당 중 주교좌성당이며 서방에서 가장 오래된 성전이라고 했다. 성전 앞에 있는 파란 잔디밭을 지나 입구에 들어선 순간 성전의 거대한 규모에 놀랐다. 다음으로 로마 시내 한복판에 있는 성모 마리아 대성당에 갔다. 산타 마리아 마조레라고도 부르는 이 성전은 중세 건축, 바로크 양식, 로마네스크 건축 기법이 혼재되어 지어진 요한 성당보다 훨씬 더 큰 성전이었다. 성전 내부에는 아무도 없었고 나는 제대 앞에 꿇어앉아 남편의 쾌유를 비는 간절한 기도를 성모님께 드렸다.

로마 시내를 관광하며 일주일 정도 보낸 우리는 주일 미사에 참례하기 위해 테르미니역에서 멀지 않은 한인 성당에 갔다. 산 피에트로(베드로) 대성전이 지척에 있었다. 이역만리 이태리까지 와서 우리 동포들과 한인 신부님이 집전하는 미사에 참례한다는 것이 꿈만 같았다. 내 생애에 그리도 장엄하고 훌륭한 성가단의 노래를 들어본 적이 없다. 이곳에서 성악을 전공하는 분들이 많이 모였기 때문이다.

한인 성당을 나온 우리는 얼마 떨어지지 않은 곳에서 TV 화면이나 그림에서 보았던 산 피에트로 대성당을 맞이했다. 성전 입구에 들어서면 5개의 문이 있는데 중앙에 있는 청동의 문에는 성 베드로의 순교 모습이 부조되어 있다. 50년을 주기로 성년에 그 문이 열린다고 한다.

전 세계에 걸쳐 10억의 신자를 갖고 있는 가톨릭의 총본산이며 사원의 규모도 세계에서 가장 크다. 326년에 창건되었고 콘스탄티누스 황제가 성 베드로의 묘 위에 성당을 지은 것이 최초로 르네상스 거장들이 차례차례 건설의 책임을 맡았다고 한다.

산 피에트로 사원의 돔은 미켈란젤로가 설계하고 폰타나가 이어받아 완성했는데 높이가 132.5m 둘레가 70m에 이르는 4개의 기둥이 굳건하게 돔을 받쳐 버티고 있다. 그 웅대한 위상이 경이로웠다. 광장은 지름이 240m로 40만 명을 수용할 수 있는 넓은 광장이며 앞면에 로마 시가지가 보인다. 광장을 둘러싼 회랑에는 284개의 원주가 있다. 회랑 지붕 가장자리에는 광장을 내려다보며 140여 개의 높은 성인상이 서 있는데 같은 모양은 없었다.

성전 앞에는 식수대가 있다. 오른쪽은 건축가 마테르나

가, 왼쪽은 베르니니가 만들었다고 한다. 이 아름다운 분수에서 물을 한 모금 마셔 보았다. 성전에 들어서는 순간 아름다운 내부의 모습과 웅대한 규모에 압도되었다. 성전 바닥에는 세계의 유수 성당들과 얼마나 차이가 나는지 기록한 표가 남아 있었고 오른쪽에는 성모님이 돌아가신 예수님을 안고 있는, 미켈란젤로가 만들었다는 조각상 피에타가 놓여 있었다.

성모님의 고통이 느껴져 눈물이 앞을 가렸다. 1972년 광신자가 예수님의 손 일부를 훼손한 사건 이후부터 방탄유리로 보호되어 있다. 성전 회랑 제일 안쪽 기둥 아래 구리로 만든 성 베드로 좌상의 발은 신자들의 키스로 반질반질 닳아 있었다. 나도 가만히 발을 한 번 만져 보았다.

산 피에트로 성전 옆에는 교황님이 계시는 세계에서 가장 작은 나라인 바티칸 시국이 있다. 전 세계 곳곳에서 온 신자와 여행자들이 모인 가운데 요한 바오로 2세 교황님이 집전하시는 미사에서 강복을 받는 은총도 입었다.

산 피에트로 사원 꼭대기로 올라가는 거대한 계단은 베르니니가 만든 것이라고 했다. 계단은 올라갈수록 폭이 좁아졌는데 우리는 맨 꼭대기까지 걸어서 올라갔다. 날씨는 9월인데도 민소매를 입을 정도로 더웠으며 아래로 내려다보이는 로마 시가지는 푸른 숲에 싸여 아름답기 그지없었다.

우리는 집에서 준비한 빵과 음료수 등을 들고 시내를 벗어나 아피아 가도를 걷기 시작했다. 이 길은 BC 312년 집정관 아피아크로디아스가 로마와 카푸아(나폴리 북쪽 30km 지점)를 연결하기 위하여 만들었는데 일명 도로의 여왕이라고도 한다. 이 도로변에는 카타콤바, 장군, 귀족의 묘지가 줄 지어 있었는데 아스팔트로 포장되어 있으나 간혹 당시에 만든 흔직이 남아 있다. 마치 호젓한 시골길을 걷는 느낌이었다.

1km 정도 걸어가면 '쿼바디스 도미네'(주여 어디로 가시나이

까) 교회가 있다. 박해를 피해 로마를 탈출한 베드로가 이곳을 지날 때 예수님이 모습을 나타냈다. 그때 그리스도께서 발자취를 남겼다고 한다. 발의 모양을 본뜬 것이 이 교회에 남아 있었고 진품은 이곳에서 조금 더 걸어가면 산세바스티아노 교회에 보존되어 있다고 했다. 우리는 운 좋게 모형을 볼 수 있었는데 예수님의 발이 엄청나게 크다는 사실에 놀랐다.

곧은길을 조금 더 걸어가니 말로만 듣던 카타콤베에 다다랐다. 입구에는 성물을 파는 가게도 있었고 나무로 만들어진 소박한 묵주도 구입했다. 우리는 매표하여 지하 땅굴로 내려갔다. 박해를 받아 이곳 지하 땅굴에 숨어 살면서 일생 주님만을 섬기고 증거하며 살다 간 옛 그리스도 교인들의 유해 일부분이 아직도 미로처럼 얽힌 좁은 지하에 남아 있었다.

성전 옆에는 정원과 세계에서 가장 크다는 바티칸 박물관이 있었다. 우리는 우선 정원을 둘러보고 다비드상 앞에서 기념사진을 찍고 매표하여 박물관에 입장했다. 전 세계에서 몰려온 입장객들로 인파가 붐볐으며 내부에는 볼 것이 너무 많아 전부 보려면 며칠이 걸릴 것 같았다. 박물관 천장과 벽은 한 곳도 빈틈없이 그림으로 채워져 있었다. 더구나 신기한 것은 그림이 한 조각 한 조각 작은 모자이크로 채워졌다

는 사실이다.

가톨릭(기독교)을 처음 공인한 콘스탄티누스 황제 어머님의 유해가 안치된 석관도 있었고 성 베드로의 무덤, 요한 바오로 6세의 무덤도 있었다. 벽면에는 〈천지창조〉, 〈최후의 심판〉 등 성화들이 빼곡히 자리하고 있었고 서명의 방에 걸려 있는 아테네 학당에 모인 학자들의 자유분방한 모습은 이채로웠다. 바티칸 내 이집트 유물, 에트루리아(로마 공화정 이전에 이탈리아에 존재했던 주요 문명으로 로마 문화의 디딤돌 역할) 시대 도자기들도 감상했다.

박물관 북쪽에는 피오클라멘티노 미술관이 있었는데 남성들의 용솟음치는 인체를 표현한 대리석 조각 라오콘상을 보았다. 라오콘은 아폴로를 섬기는 트로이의 제사장이었다. 그의 두 아들이 포세이돈의 저주를 받는 장면을 묘사한 조각으로 미켈란젤로가 만들었다는 설이 있는 걸작이다.

판테온 신전도 보았다. 서양사 교과서에 실린 그림으로만 보다가 직접 와서 보니 감회가 남달랐다. 높게 돔으로 지어진 신전은 현대의 많은 건축가들이 뛰어난 건축기법에 감탄했다고 하며 어떤 특정 신을 모신 게 아니라 로마의 모든 신들을 모셔 놓은 신전이라 하니 이 또한 특이했다.

신전 앞은 아름다운 조각으로 장식된 분수가 있는 판테온 광장이었다. 수많은 비둘기 떼가 관광객들과 어우러져 있는 광경은 평화 그 자체였다. 우리는 계단에 앉아서 아이스크림을 먹으며 즐거운 한때를 보냈다. 문득 영화 〈로마의 휴일〉에서 그레고리 팩과 젤라토를 먹는 오드리 햅번을 떠올렸다. 아이스크림을 이태리어로 젤라토gelato라고 하는데 이탈리아 사람들은 거리를 다니면서도 아이스크림을 먹는 풍경을 자주 볼 수 있었다. 그렇게 맛있는 아이스크림은 처음 먹어 보았다.

황홀했던 이탈리아 여행은 나의 사위 홍니꼴라오가 없었더라면 결코 이루어지지 않았을 것이다. 사위는 우리 여행의 시작부터 마무리까지 시종일관 길잡이가 되어 훌륭한 가이드 역할을 해준 일등 공신이다. 또 한 사람, 홑몸이 아니었는데도 여행에 동행하며 허기지지 않도록 먹거리를 세심하게 챙겨준 나의 딸 비비안나, 한 달 넘게 나의 빈자리를 지켜주며 인내하고 성원해 준 가족들에게 고마움과 사랑을 보낸다. 여행길에 함께하시어 같이 웃고 즐겼던 사부인과 로사 형님에게도 무한한 감사와 애정을 표합니다.

지상 낙원 하와이

1994년 미국 로스앤젤레스에서 개최된 월드컵 축구가 한참 재미를 더해 갈 무렵인 6월 15일, 막내 이모부 내외와 이모의 친구 부부와 함께 하와이 여행에 참가했다.

태평양에 대한 막연한 환상 때문에 하와이 가는 길은 나를 들뜨게 했다. 하와이는 태평양의 하와이 제도에 자리 잡고 있기 때문에 정감이 가고 기쁨을 주는 섬이었다.

섬에 발을 붙이는 순간부터 이 섬이 지상 낙원이란 말이 빈말이 아님을 실감했다. 미국의 50번째 주인 이 섬은 내 느낌으로는 전혀 미국답지 않았다. 원주민인 폴리네시아인이 많이 눈에 띄었기 때문이다. 폴리네시아인은 항해술이 뛰어나 카누를 타고 태평양의 여러 섬으로 이주해 살았다고 한다. 피부 색깔은 짙거나 옅은 갈색이었으며 키가 크고 몸집이 조금 있어 건강해 보였다. 특히 여자들은 아주 매혹적인 얼굴에 미소가 너무나 아름다웠다. 그중 나를 가장 매료시킨 것은 바닷물 색깔이었다. 그처럼 아름다운 바다 물빛을 본 적이 없었다.

하와이주는 태평양 하와이 제도에 위치하고 있으며 폴리네시안 민족의 땅이었으나 사탕수수 이권을 노린 상인이 미국의 군대를 앞세워 1959년 미국의 50번째 주로 편입되었다. 오아후섬, 몰로카이섬, 마우이섬, 카우아이섬 등 8개의 큰 섬이 있고 100여 개의 작은 섬으로 이루어진 주였는데 그중 오아후섬에서 주로 관광을 했다. 하와이 인구의 75% 이상이 살고 있는 이 섬은 일명 알로하섬이라고도 한다. 엄지와 무명지를 벌려 보이며 '알로하 마할로' 라고 외치는데 이 말은 하와이의 일상적인 인사말로 감사와 애정을 나타낸다고 했다.

인천공항에서 8시간쯤 걸린 것 같았는데 어느새 비행기는 우리가 내려야 할 공항 가까운 상공을 날고 있었다. 얼마 후 우리는 하와이 주도인 오아후섬 호놀룰루국제공항에 내렸다.

우리 여행을 안내할 40대 중반의 잘생긴 남자 가이드가 마중을 나왔다. 그는 하와이주의 주화인 붉은색과 흰색이 섞인 히비스커스 생화로 엮은 레이Lei를 한 사람, 한 사람 목에 일일이 걸어 주며 우리 일행을 환영했다. 우리는 그곳 여행사에서 마련한 15인승 승합차를 타고 하와이 여행을 시작했다.

가이드가 우리를 처음 데려간 곳은 이올라니궁전 앞이었다. 이올라니궁전은 하와이 관광의 시발점인 듯했다. 하와이 여행자들이 꼭 거쳐 가는 이 궁전은 미국 유일의 왕궁인데 하와이 7대 왕인 칼라카우와 왕이 1882년에 창건하였다. 1893년 마지막 8대 여왕 릴리오우칼라니가 살았던 이 궁전은 유럽 건축양식의 영향을 받은 빅토리아 피렌체풍의 아담하고 우아한 인상을 준다. 이 궁전은 하와이 오아후의 역사와 문화를 이해하는 데 중요한 역할을 한다. 이올라니는 '왕족의 매'란 뜻으로 현재 궁전 내부는 박물관으로 쓰인다고 했다.

궁전 반대쪽에 하와이에서 가장 존경받는 카메하메하 대왕 동상이 서 있었다. 대왕은 1795년 하와이 여러 섬을 통일하여 왕국을 수립하였고 평화로운 왕정을 베풀었다고 했다. 이 왕을 기리는 날이 공휴일로 지정되어 있었다.

다음으로 우리 일행을 태운 승합차는 호놀룰루에 오면 누구나 필히 방문한다는 누우아누 팔리(하와이어로 절벽을 의미) 전망대로 데려갔다. 상당히 높은 지점에 위치해 있는 이 산은 항시 거센 바람이 불어 바람산이라고도 하는데 우리가 간 그날도 어김없이 바람이 불었다. 고운 흰모래와 함께 펼쳐진 에메랄드빛 바다, 웅장한 코올라우산맥 등 팔리 전망대는 오아후 최고의 장관을 연출했다.

하와이 제도는 수천만 년 전에 해저 화산의 폭발로 생긴 곳인데 이곳에 와 보면 산세가 그것을 또렷하게 입증해 주고 있다. 바다에서 산이 솟아올라 물이 쏙 빠진 것처럼 굴곡이 나 있는데 그 때문에 하와이는 평지가 적고 산이나 계곡이 많다. 바람산은 항시 바람이 불기에 이곳에 올 때는 치마보다는 바지를 입고 오는 것이 좋을 듯했다. 펀치볼은 우리나라 현충원과 같은 국립 묘지였다. 높이 150m나 되는 사발 모양의 사화산으로 화구 내에는 세계 1, 2차 대전과 베트남 전쟁까지 약 2만여 명이 잠들어 있는데 중앙에는 대리석으로 된 위령탑이 서 있었다.

그중에 우리나라 6.25 전쟁에 참전해 전사한 용사의 묘비도 눈에 띄었다. 그분의 묘비 앞에 서니 감회가 남달랐다. 자기네 조국도 아닌 남의 나라를 위해 목숨을 바친 그분을 생각하니 고맙고 미안했다. 후일 뉴스를 통해 2013년 우리나라

국가 보훈처에서 6.25 정전 60주년을 기념하여 펀치볼에 참전용사를 위한 추념석을 헌정하였다 하니 감사한 마음이 들었다. 펀치볼 관광을 끝으로 하루해가 저물었다.

다음 날은 하나우마 베이와 다이아몬드 헤드를 관광했다. 하와이 여행에서 스노클링의 천국이라고 불리는 이곳은 수심이 얕고 산호초가 많아서 스노클링을 하기 제일 좋은 장소로 유명했다. 하나우마는 굽은 만이란 뜻으로 이름과 같이 말발굽처럼 구부러진 백사장에는 산호초가 푸르고 투명한 바다와 어우러져 오아후섬에서 가장 아름다운 해변이었다.

바다 속에서 사람들이 열대어, 산호초와 어우러져 헤엄치고 있는 풍경은 내려다보는 우리들의 눈을 즐겁게 해주었다. 개인으로 오는 사람은 수영이 가능하지만 단체로 오는 관광객은 받아주지 않는다고 해서 우리는 멀리서만 바라볼 수밖에 없었다.

다음 날 우리 일행은 하와이 여행에 등산 코스로 유명한 다이아몬드 헤드 산으로 갔다. 약 10만 년 전에 일어난 대폭발로 생긴 사화산이며 지름이 1200m나 되는 거대한 분화구(칼데라)였다. 다이아몬드 헤드 산이라 불리게 된 이유는 항해하다 돌아오면 산이 반짝거리는 것처럼 보이기 때문이다. 어쩐지 우리나라 제주도의 모습을 닮은 듯해 친근감이 갔다. 다이아몬드 헤드라고 적힌 큰 표지판이 있었는데 우리 일행은 모두 모여 인증샷을 남기고 선셋 크루즈를 하기 위해 하산했다.

쇼와 선셋을 함께 볼 수 있다는 것은 얼마나 낭만적인가?

하루해가 거의 저물어갈 무렵 배를 타기 위해 선착장으로 갔는데 입구에는 머리에 예쁜 꽃을 얹은 매혹적인 아가씨가 우리를 맞이하기 위해 서 있었다. 아가씨들이 술과 음료수를 무한 서빙하며 손님들을 접대하는 가운데 많은 여행객이 모여 춤을 추며 즐기고 있었다. 우리도 초면의 여행객들과 어울려 흥겹게 춤을 추었는데 선셋 크루즈의 즐거움을 더해 주었다.

　선셋 크루즈는 석양에 배를 타고 도시를 바라보며 섬 가를 도는 관광코스이다. 바다에는 붉게 물든 석양이 그 오묘한 색채를 연출하며 우리를 신비의 세계로 몰고 갔다. 아~! 이렇게 아름다울 수가 있을까 싶을 만큼 바다에서 바라보는 도시의 모습은 아름답기 그지없었다. 인간의 힘으로는 도저히 재현할 수 없고 오직 하느님의 권능만이 가능할 것 같아 신에 대한 경외감이 생겨 숙연하기까지 했다. 나는 그때의 체험을 잊을 수가 없다.

　다음 날은 와이키키 해변과 민속촌으로 향했다. 하와이주 오아후섬의 남부 해안에 위치한 와이키키(하와이어로 '용솟음치는 물'이라는 뜻) 해변은 세계적으로 유명한 해수욕장이며 하와이 왕들의 대표 휴양지였다. 이곳에 오기 전 수없이 들어본 그 이름, 다이아몬드 헤드가 바라보이고 그 주위로 수많은 고급 호텔들이 즐비해 있는 아름다운 해변이다. 일 년 내내 온화한 기후라 관광객들로 붐비는 해안은 낮의 해수욕과 일광욕은 물론 해 질 무렵 아름다운 석양을 배경 삼아 백사장을 산책하는 것도 낭만적이다. 와이키키 해변은 음주가 금지되어 있다. 한국 사람이 즐겨하듯 석양을 보면서 마시는 맥주 한

잔의 낭만은 아쉬울 듯하다.

하와이에도 우리나라 경기도 용인시에 있는 민속촌과 유사한 볼거리가 있었다. 그곳에 도착하니 하와이 전통 의상인 무무라는 화려하고 풍성한 원피스를 입은 만삭의 젊은 여자 안내원이 우리를 기다리고 있었다. 힘든 여건에서도 최선을 다하는 모습이 아름다웠다.

우리 민속촌의 초가집처럼 말린 풀로 지붕을 이은 집들이 부락별로 나뉘어 있었다. 옛 하와이 원주민 폴리네시안 마을을 부분적으로 재현해 놓았다고 한다. 6개 정도 부락별로 나뉘어 옛 추장들이 살았던 집을 둘러보고 그들이 사용했던 침대 위에서 사진을 찍기도 했다. 그곳 안쪽에는 3시부터 인공 연못 위에서 '패전트 오브 더 롱카누' 라는 민속 쇼가 공연되었다. 많은 사람들이 매료되어 환호성을 지르는 가운데 펼쳐진 폴리네시안의 갖가지 묘기와 춤은 흥미롭고 이채로웠다. 한쪽에서 일인 쇼를 하는 한 남자의 재치 있는 입담과 연기도 볼만했다.

진주만을 기억하는가?

2차 대전 당시인 1941년 12월 7일 아침, 일본 제국 해군 비행기들이 미국 하와이주의 오아후섬 진주만에 있는 미 해군 함대의 주력함을 기습 공격하여 격침시키고 3,500여 명의 전사자를 냈다. 일본이 선전포고도 없이 진주만 공격을 감행하여 미국이 제2차 세계대전에 참전하게 되는 바람에 후일 패망의 원인을 제공했던 공격이기도 했다. 이 전쟁의 참상을 되새기기 위해 진주만 안에는 애리조나호를 비롯해 5척의 전함이 침몰 당시 그대로 보존되어 있다. 당시의 치욕적인 패배에 대한 경각심을 일깨우려는 의도로 배 위에 지어진 기념관이 멀리 바다 위에 떠 있었다. 기념관은 J. F. 케네디의 명으로 건립되었다 한다.

진주만은 전쟁의 참상을 잊지 않으려는 미국인의 하와이 방문 1순위 지역이기도 하다. 진주만에는 그 당시의 참상과 양국의 책임 지휘관, 당시 폭탄을 장착했던 일본 비행기의 모습을 찍은 사진이 걸려있는 전시관이 있다. 그 사진을 가리키며 자기가 그 전쟁에 직접 참전했던 사람처럼 실감나게 설명해 주던 미스터 박의 모습은 오래도록 내 기억 속에 남아 있다. 우리 일행 15명은 그 당시 애리조나호에서 건져 올린 닻 앞에서 기념사진을 찍었다. 진주만을 끝으로 지상낙원이라 불리는 하와이 여행은 아쉬움을 남긴 채 끝이 났다.

삽당령 추억

 책장을 정리하다 조그만 수첩을 발견했다. 2009년도 기축년 한 해 사소한 일상생활을 적어놓은 수첩이었는데 나의 시선을 끈 한 여행기록이 있어 여기에 옮겨 본다.

 2009년 1월 16일 새해 벽두에 우리 가족 일행은 강원도 강릉 삽당령 펜션에 속속 모여들기 시작했다. 그날 오후 큰사위네 9인승 승합차는 아이들을 태우고 출발했고, 다른 식구들은 각자 승용차 편으로 왔다. 어둠이 내린 저녁 시간에 우리 가족 23명은 한 사람도 빠짐없이 다 모였다.

 큰길을 지나다 약간 언덕 아래로 내려간 곳에 자연경관과 잘 어우러진 3층으로 된 넓고 쾌적한 집이 우리가 2박 3일 동안 머물 숙소였다. 일층은 넓은 식당과 거실이 있고 이층

은 큰 침대가 놓인 방이 두 개, 삼층은 아기자기한 방들이 몇 개나 있어 아이들이 많은 우리에겐 안성맞춤의 장소였다. 손자, 손녀들은 삼층을 접수해 웃고 떠들며 신이 나 있었다. 집에서 준비해 간 음식과 숯불 바베큐로 저녁을 먹은 후 서울팀, 대구팀으로 편을 짠 후 윷놀이를 시작했다. 대결은 참으로 치열했으며 드라마틱한 승패의 재미는 최고였다. 잠자리도 마치 내 집처럼 편안했다.

　이튿날 우리는 예매해 둔 대금굴을 보기 위해 각자 승용

차에 나누어 타고 목적지로 향했다. 가는 도중 모래시계 촬영지로 유명한 정동진 바닷가에 들렀다. 아름다운 겨울바다는 우리 마음을 일렁이게 했고 멀리 산 중턱에 자리 잡은 크루즈 호텔의 모습은 멋스러웠다.

대금굴은 2008년에 처음 일반인에게 공개한 처녀굴로 5억 7000만 년으로 추정되는 긴 세월 동안 그 아름다운 모습을 고이 간직하다 드디어 깨끗한 황금빛 자태를 드러낸 것이었다. 그 아름다운 모습은 보는 이들의 감탄을 자아내기에 충분했다. 막내 사위는 오는 도중 묵호에 들러 자연산 회와 게를 구입하여 우리 가족들의 입맛을 즐겁게 해주었고 차가운 겨울밤에 뜨뜻한 바비큐장에 둘러앉아 나누는 가족들의 정담은 노변에 향수를 불러 일으켰다.

강원도 강릉 삽당령 펜션에 온 가족이 함께 모여 음력설을 대신해 세배를 받고 지산회를 개최하고 장만한 선물을 나누어주며 막내 며느리 생일파티까지 계획했던 즐거움은 때아닌 굵은 눈발로 무산되고 말았다. 아침부터 비가 내리기 시작해 운치 있고 평온하기까지 했는데 비는 갑자기 폭설로 변해 펑펑 쏟아지기 시작했다. 강원도의 겨울 날씨는 그야말로 예측할 수 없었다. 우리는 서둘러 그곳을 벗어나야 했다. 영동 고속도로 휴게소에 모든 식구들이 다시 모여 생일 케이

크에 불을 붙이고 준비해 간 선물을 나누어주며 간단한 축하 파티와 지산회를 개최하고 각자 편승한 차로 귀갓길에 올랐다. 도로는 때 아닌 폭설과 안개가 내리고 어둡기까지 해 최악의 상태였으며 스키를 즐기러 온 많은 인파 때문에 극심한 교통 체증으로 집에 도착하는데 많은 시간이 걸렸으나 무사히 돌아와 감사하였다. 이런 어려움을 이겨낸 여행이기에 가족과 함께한 소중한 순간들은 오래도록 기억될 것이다.

가을 여행

 우리는 행복 여행사다. 거창하지 않고 소박한 여행을 위하여 뭉친 큰이모, 막내 이모, 외삼촌, 외숙모, 나 다섯 사람을 칭하는 말이다. 우리들 나름대로는 최상의 멤버다. 외삼촌 부부는 여행을 즐기고 이모들과 나도 만만찮게 여행을 좋아한다. 여행은 어디로 가는지도 중요하지만 누구와 함께 가는가? 이것이 관건이다.
 외삼촌은 우리 여행사의 대장이고 주로 우리를 인솔하며 기사를 대행한다. 외숙모는 다재다능한 분위기 메이커이고 이모들과 나는 그런 재미에 흠뻑 빠져드는 스타일이다. 이렇게 죽이 잘 맞는 우리 여행사는 벌써 10년 가까이 되었다.
 우리는 주로 가을 여행을 한다. 10월이 되면 여행 갈 재미에 마음이 설렌다.

　이번 가을에도 어김없이 여행을 떠났다.

　첫째 날은 전남에 있는 편백나무 숲에 갔다. 하늘을 찌를 듯한 나무숲이 사방으로 널려 있었다. 나무 아래 자리를 깔고 누운 우리는 상쾌한 나무들을 만끽했다. 세상 모든 근심, 걱정이 사라지는 순간이었다. 편백나무는 피톤치드라는 물질을 생성하는데 스트레스 해소, 장과 심폐기능 강화, 면역력 상승에 탁월한 효과가 있다는 걸 신문에서 읽었다.

　가을의 짧은 해는 서쪽에 기울어 있었다. 해가 떨어지기 전 다음 목적지에 도착하기 위해 점심도 굶은 채 서둘러 증도로 차를 몰았다. 증도 대교가 굳건히 놓여 쉽게 섬에 갈 수 있었다.

　증도는 1976년 도덕도 인근 만들 앞바다에서 세계를 깜짝 놀라게 한 송, 원대 해저 유물이 발견되면서 보물섬으로 유명해졌다. 아시아 최초 슬로시티로 천혜의 자연환경을 갖춘 아름다운 섬이다. 섬에 들어서면 온통 염전이 펼쳐져 있고 청정 갯벌이 우리를 유혹한다.

　해는 벌써 뉘엿뉘엿 일몰을 재촉하고 있었다. 찬란하고 거대한 위용은 감탄을 자아내기에 충분했다. 우리는 그 아름다운 장관을 보기 위하여 짱뚱어 다리에 올랐다. 벌겋게 물

든 저녁노을은 환상적이었지만 검은 구름이 해를 가려 우리를 실망케 했다. 아쉬웠다. 이내 어둠이 내려와 밤이 되었다. 숙소로 가는 길목에 서해의 일미인 대하와 소금을 구입했다. 9시가 가까울 즈음 숙소 인근 한 식당에서 허기진 배를 달랬다. 저번 여행 때 먹고 싶었던 백합죽을 먹었다. 꿀맛이었다.

밤 늦게 숙소에 여장을 푼 후 싱싱한 새우구이를 안주 삼아 와인을 마셨다. 느긋하고 행복의 늪에 빠진 우리는 기분이 좋아져서 이런저런 옛이야기를 하다 먼저 세상을 떠난 작은 이모에 대한 애틋한 추억 때문에 가슴이 저려왔다. 반세기가 훌쩍 지났건만 이모를 떠올리면 아깝고 애통한 마음 가눌 길 없다.

소설 속에나 나올 법한 슬픈 삶을 살았던 이모는 여중 시절 나의 우상이었다. 동족상잔의 6.25전쟁이 발발해 같은 민족끼리 피를 흘리던 암울한 시대. 부상을 입고 후퇴한 한 군인 장교를 운명적으로 만나 사랑을 꽃피운 인연이 그렇게 허망하게 끝날 줄은 아무도 몰랐다. 그때만 해도 자유연애가 지금처럼 허용되던 시대가 아니었다. 자신을 옥죄던 많은 벽을 끝내 넘지 못한 이모는 그 대위와 헤어졌고 얼마 후 중매로 결혼을 했다.

한참 신혼일 때 우연히 극장에서 마치 영화 속 한 장면처럼 그와 재회했지만 이미 결혼한 이모는 이별을 고했다. 하루는 이모와 해인사로 여행을 갔었다. 그때 이모가 내게 건넨 찢어진 신문 조각에 쓰여진 소월의 시「못 잊어」를 아직도 기억하는 건, 이모가 그와 헤어질 때 받은 슬픈 사연이 있기 때문이다. 신혼 초에 신랑의 꾐에 넘어가 이 사실을 고백한 것이 빌미가 되어 그는 자격지심으로 늘상 이모를 괴롭혔다. 이로 인해 결혼 생활은 순탄치 못했다. 그 여파로 스스로 목숨을 버린 것인지 사고사인지 모를 의문을 남긴 채 이모는 우리 곁을 떠났다. 아직도 나는 이모가 영부인도 될 수 있고 농군의 아내도 될 수 있는 참으로 보기 드문 여인이었다는 걸 믿고 있고 존경하고 사랑한다. 부디 하늘나라에서 영복을 누리시길 빈다.

가을밤은 깊어만 가고 이야기꽃은 식을 줄 몰랐다. 우리는 슬픈 이야기는 접기로 하고 재미난 이야기로 화제를 옮겼다. 막내 이모의 첫사랑 얘기였다.

이모는 여학교 시절 역경을 이겨내고 화려한 학교 경력을 가진 여걸 스타일의 여인이다. 이모이기 전에 나의 친구요 든든한 후원자며 나의 멘토다.

1960년 3월 15일 자유당에 의해 부정 선거가 저질러졌고 이에 항거하는 학생시위가 도처에서 불길처럼 타올랐다. 여걸은 영웅을 알아본 것일까? 여학교 학생 대표였던 이모는 2.28 민주 항쟁을 이끌어 4.19 혁명을 성공적으로 이루어 내는 데 주도 역할을 했던 그 당시 남학생 대표를 좋아했다고 고백했다.

그 시대의 영웅이었으며 훗날 교수가 된 그분은 얼마 전 고인이 되셨다. 한 시대를 풍미한 그분을 애도하며 삼가 고인의 명복을 빌어본다.

그 후 이모는 직장이 외지에 있었고 그곳에서 만난 총각에 반해 열렬히 사랑하여 결혼에 골인했다. 여유로운 생활과 부부애는 우리의 부러움을 사기에 충분했다. 그러나 한창 나이에 지병을 얻어 고인이 되셨다. 그때 이모의 슬픈 모습은 옆에서 보기 안쓰러울 만큼 이모부를 그리워했다. 진심으로 남편을 깊고 넓게 사랑한 것 같다.

사람은 망각의 동물이라 한다. 모든 일들을 전부 기억하고 옛일을 잊지 못한다면 어찌 인생을 견뎌 내겠는가? 서로 첫사랑 얘기를 하다 나도 문득 대학교 일 학년 때 작은집에서 하숙을 하던 한 학생을 만나 좋아했던 시절을 떠올리며 이야기꽃을 피웠다. 영문학을 전공한 그에게 영미소설의 해설을 배우면서 자연스럽게 사랑의 감정이 싹트기 시작했다. 그때는 자유연애에 대한 인식이 지금과 달랐다. 소수의 행실이 바르지 못한 남녀들이 저지르는 행동쯤으로 곱지 않은 시선으로 바라보았다. 그 때문에 남에게 들키면 어쩌지, 부모님이 아시면 어쩔 건가? 이런 걱정에 편지도 마음 놓고 쓸 수 없었다. 요새 젊은이들을 보면 참 세상 많이 변했다. 지금은 당연한 것조차도 그땐 허용이 되지 않았기에 그렇게 부끄러워했던 내게 실소만 나온다. 작은어머님의 귀띔으로 이 사실을 알게 된 어머니는 크게 진노하시며 나를 회유하기 시작했다. 엄마의 생각은 확고하셨다.

"절대 연애는 안 된다."

이것이 엄마의 신념이었다. 왜 그러셨는지는 이해가 된다. 내리 딸 여섯을 낳은 어머니는 그것이 당신의 죄인 양 늘상 아버지께 미안해하셨다. 맏딸인 나는 그런 어머니가 이해되었고 종내는 좋은 딸이 되겠노라고 스스로 다짐한 후 엄마의 영을 받아들였다. 어머니는 밑에 동생들이 나를 닮을까 봐 노심초사하셨는데 다행히 나의 승복으로 내 사랑은 슬프게 끝이 났다.

사람은 누구나 자기의 추억을 사랑하듯이 지나가 버린 것에 대한 애틋한 미련과 그리움이 있다. 그런 감정이 때로는 사람의 마음을 행복하게 해준다. 이런 이야기를 스스럼없이 할 수 있다는 것은 세월의 연륜이 쌓였기 때문일까? 얼핏얼

핏 흘리는 외삼촌 부부도 애틋한 추억 하나쯤은 갖고 있지 않을까? 막내 이모는 지금도 일탈을 꿈꾸는 귀여운 여인이다.

여행 이틀째, 부안 변산 반도의 속살을 짚어 보았다. 일찌감치 숙소를 나온 우리는 새만금 방조제를 달리기 시작했다. 가도 가도 끝이 보이지 않는 쭉 뻗은 바다를 가로지르는 넓은 도로, 사람의 힘으로 만들어졌다고는 도저히 믿기지 않는 대역사, 바다를 메워서 이렇게 육지를 내다니 탄성이 절로 나왔다. 대한민국의 저력이 느껴졌다. 불과 반세기 만에 우리의 국력이 이만큼 신장되다니 참으로 뿌듯하고 자부심이 느껴졌다.

한참을 달려 코스모스가 만발해 우리를 반겨줄 것이라고 잔뜩 기대하고 꽃길을 찾아갔다. 가을의 전령사 코스모스. 가을의 정취는 무엇보다 코스모스가 대변한다. 파아란 가는 잎에 연보랏빛, 여인의 짙은 립스틱 색깔처럼 오묘한 빨강색이 혼재되어 노랫말처럼 한들한들 피어있는 그 꽃길을 말이다.

우리의 기대는 무너졌다. 너무 늦게 온 것이다. 벌써 꽃은 지고 마른 꽃대만 볼품없이 서 있었다. 그러나 우리를 위안해 주기라도 하듯이 군데군데 코스모스가 예쁜 얼굴을 내밀고 있는 게 아닌가? 우린 그것으로 만족해야 했다. '내년에는 때 맞춰 와야지' 이런 생각 중에 어느새 망해사에 도착했다.

망해사는 전북 김제시 진봉면 심포리 해변, 벼랑 위에서 바다를 바라보고 있는 자그마한 천년 고찰로 670여 년 전에 창건되었다. 대웅전 격인 조그만 암자가 있고 600여 년을 훌쩍 넘겨 전라북도 기념물로 지정된 세 그루의 팽나무가 있는데 그 나무 앞에만 서면 나의 존재가 너무나 미약해 보인다. 사찰은 통상 심산유곡에 자리 잡고 있는 것이 대부분인데 이 절은 야트막한 야산 중턱에 바다로 향해 있어 감회가 새로웠다.

뒷편 산 중턱에는 바다를 향해 망루가 서 있는데 몇 해 전 일몰을 보기 위해 이 절에 왔었다. 절 앞에 탁 트인 변산 갯벌 뒤로 바다가 연이어 있는데 하늘과 땅이 맞닿아 있어 낙조가 정말 장관이었다. 일몰을 보고 여섯 시간 넘게 걸려 집에 도착했다. 우리에게도 이런 낭만이 있다니 스스로 대견스럽게 생각했었다.

우리는 증도에서 일몰을 보지 못한 아쉬움 때문에 서둘러 숙소로 돌아왔다. 숙소 바로 앞에는 격포항이 있는데 채석강과 적벽 강이 마주보고 있어 일몰을 보기에 안성맞춤의 장소다. 채석강은 부안을 대표하는 경관으로 중생대 백악기 7000만 년 전에 퇴적한 퇴적암의 성층으로 바닷물이 침식해 마치 수만 권의 책을 쌓아 올린 듯한 외층을 이루고 있다. 중국 당나라 시인 이태백이 즐겨 찾았던 채석강과 흡사하여 이름이 지어졌다고 한다. 채석강은 한국인이 꼭 가봐야 할 국내 관광 여행지 99선에 선정된 곳이다.

우리는 일찍감치 저녁을 먹고 서둘러 채석강으로 갔다. 일몰을 보기 위해 많은 사람이 모여들었다. 해는 붉게 물든 저녁노을과 함께 한 발이나 남아 있었다. 지는 해를 배경으로 기념사진을 찍고 해가 바닷속 깊숙이 사라질 때까지 눈을 떼지 못했다.

　우리는 걸어서 숙소로 돌아왔다. 다음 날은 여행 마지막 날, 즐거운 여행을 위하여 일찍 잠자리에 들었다.
　여행 3일째, 늦잠을 자고 일어나서 흰죽과 식당에서 얻어온 반찬으로 대충 아침을 때운 뒤 우리가 돌아가야 할 방향으로 여행 코스를 잡아 내소사로 향했다.
　내소사는 전북 부안군 진서면 석포리에 있고 백제 무왕 34년(633)에 창건되었다고 전해진다. 절 앞에 가까이 다가선 순간 입구부터 범상치 않음을 직감했다. 관광객이 수도 없이 몰려들어 인파가 넘쳐났다. 일주문에서 천왕문까지 이어지는 길게 늘어선 전나무 숲길. 숲속에서 나는 그윽한 향기와 가을 단풍을 만끽하며 절까지 걸어갔다. 경내에 들어선 순간 절의 규모와 절을 둘러싼 사방의 절묘하고 웅장한 산세에 압도되었다. 내가 본 사찰 중 경북 청도 운문사 다음으로 아름다웠다.

운문사! 내가 제일 좋아하는 사찰이다. 궁궐 같은 절의 배치, 입구에 늘어선 낙락장송 소나무 숲, 유홍준 박사가 극찬했다는 그 산세에 뒤질세라 웅장한 기운을 뿜어낸다. 봄에는 화려한 벚꽃, 여름에는 싱그러운 전나무 숲길, 가을 단풍, 겨울 설경과 함께 많은 전설을 간직한 유명한 사찰이다.

내소사를 뒤로하고 내려오다 절 입구에 늘어선 한 식당에서 부침개를 사먹고 대나무 젓가락도 구입했다. 여행길에 그곳의 특산물을 사는 재미도 쏠쏠하다. 젓갈이 유명한 곰소항을 거쳐 대나무로 명성을 떨치는 담양을 지나 떡갈비로 대를 이어온다는 한 정갈한 식당에서 점심을 먹었다. 바쁜 여행 스케줄에 쫓겨 하루 한 끼 아니면 두 끼밖에 먹지 못했던 식사를 한풀이라도 하듯 원도 한도 없이 푸짐하게 시켜서 배불리 먹었다.

하루해도 거의 저물고 있었다. 우리는 서둘러 대구로 돌아왔다. 그게 끝이 아니었다. 현대 백화점에 들러 화장품을 구입하고 우리 여행사와 이름이 똑같은 행복 분식집에서 잔치국수 한 그릇씩을 비우고 이번 가을 여행은 아쉬운 작별을 고했다.

후기

 젊은 날 어려울 때 나를 물심양면으로 도와주신 큰이모님, 지금까지 한결같이 나를 사랑해 준 나의 영원한 친구 막내 이모, 시집 온 그날부터 한 번도 우리를 실망시키지 않고 시집 식구들을 한결같이 사랑해 주신 천사표 외숙모님, 외삼촌. 존경하고 사랑합니다. 우리의 영원한 가을 여행의 동반자여! 화이팅!

 내 나이 칠십 중반에 들어섰다. 이제는 갈수록 기억도 희미해질 것이다. 그때를 대비하여 우리가 지냈던 즐거운 순간들과 사소한 일상 생활까지 글자로 기록하여 무료할 때 한 번씩 꺼내 반추해 볼 것이다.

 '아~! 그때는 이런 순간도 있었구나!' 하고 내 입가엔 행복한 미소가 번질 것이다. 지금 이 나이에도 아름다운 것을 보면 한없이 즐겁고 좀 더 나은 나를 개발하고 정진해 보고 싶은 충동이 있음에 감사하다. 찬란한 서쪽 하늘의 해처럼 아름답게 지고 싶다.

 내년 여행을 기다리며….

⟨발문⟩

김스잔나 수필집
『참, 좋다』에 부쳐

박기옥(수필가)

Ⅰ. 프롤로그

　김스잔나의 수필집 『참, 좋다』를 만난다. 그는 1939년생이다. 남아선호 사상이 팽배한 시대에 딸부잣집 맏이로 태어나 전쟁을 겪은 사람이다. 어머니인들 오죽했으랴.
　어머니는 열다섯 어린 나이에 시집와서 내리 딸을 여섯이나 낳았다. 그 당시는 우리 사회에 딸의 목숨쯤이야 하찮게 여기는 풍조가 만연했다. 아들을 낳기 위한 잉여 인간쯤으로 취급했다. 갓난애를 윗목에 밀쳐 두고 방치하는가 하면, 남의 집에 양녀로 보내 천륜을 끊는 부모도 있었다. 아들을 낳지 못한 아낙네들은 평생 시댁의 냉대와 대를 잇지 못하는 죄책감에 시달려야 했다.

  스잔나의 어머니는 남달랐다. 여장부의 풍모를 타고난 어머니는 신앙심이 깊고 자아가 강했다. 훗날 딸들로부터 '어마마마'로 떠받들리며 당당한 삶을 살았던 어머니는 척박한 환경 속에서도 딸들을 대학까지 공부시켰다. 당시로서는 대단한 일이 아닐 수 없었다. 자신 또한 초등학교도 못 나왔지만 한글을 스스로 깨우쳐 읽고 쓰는 데 불편함이 없었다. 더욱 특이한 것은 신앙이었다. 어머니는 일찍부터 가톨릭에 귀의하셨다. 또한 자식들을 모두 신앙심이 돈독한 집안으로 출가를 시켜 가톨릭 가족을 이루기도 했다. 스잔나 작가의 수필집 『참, 좋다』가 나오게 된 배경이다.

Ⅱ. 만남

  수필집 한 권에는 작가의 삶이 그대로 녹아 있다. 대학 졸업 후 지난했던 작가의 결혼생활은 작품 「버드나무」를 통해 나타난다. 작은어머니의 중매로 법대생과 결혼식을 올렸으나 신혼의 단꿈은 환상이었다. 식구는 큰머슴 꼴머슴을 포함해 열 명이 넘는 대가족이었다. 정치에 뜻을 두신 시아버지는 민의에 의해 기초단체장으로 당선되었지만 군사정권하에서 해임되었다. 남편마저 사법고시에 거듭 실패하여 부부는 분가를 하게 되었다. 벼농사를 짓던 두 마지기도 되지 않는 무논을 구입해 물을 빼고 밭처럼 만들어 기거할 집을 장만했다. 작은 방 두 칸에 부엌이 딸린 농막이 부부의 보금자리였다. 들판은 수도도 전깃불도 들어오지 않은 도시 속의 오지였다.

부부는 시아버지가 가꾸어오던 나무 일부를 그들이 조성한 조그마한 농장으로 옮겨 심었다. 나무 사업의 시작이었다. 부부는 오뉴월 뙤약볕 아래서 김을 매느라 구슬땀을 흘리면서도 고단한 줄 몰랐다. 잘 자란 식물 덕분에 농장은 그럭저럭 형태를 잡아갔지만 경제적 어려움이 가혹했다. 가세가 기울어 있는 시댁에 도움을 청할 수도 없는 실정이었다. 당시의 상황을 작가는 이렇게 토로한다.

> 정부의 경제개발계획에 맞물려 도심 녹화사업으로 도로를 정비하고 가로수를 심던 시절이었다. 나무가 귀했다. 여기에 착안

한 남편은 빨리 성장하는 버드나무를 사 모으기 시작했다. 곳곳에 흩어져 있는 수양버들을 구매해 오는 일은 순전히 나의 몫이었다. 남편은 공사를 따기 위해 전국을 다니며 동분서주했다. 버드나무가 어디에 있는지 알 턱이 없었던 나는 묘목을 소개하는 중개인의 말만 믿었다. 새벽잠까지 설치며 인부들이 먹을 새참과 식사를 준비하고 간 곳에는 버드나무 대여섯 그루가 서 있는 경우가 허다했다. 허풍을 떠는 말에 속아 교통비까지 대어 준 것이 한두 번이 아니었지만 나는 나무 수집을 멈추지 않았다.

-「버드나무」에서

작가의 상념은 여기서 멈추지 않는다. 훗날 캐나다 여행에서 본 '죽지 못해 산 나무'를 떠올린 것이다. 캐나다는 밀림지대가 많다. 빽빽하게 서 있는 나무들을 가이드가 다섯 종류로 분류했다. 등 떠밀려 죽은 나무, 제 풀에 죽은 나무, 목말라 죽은 나무, 간신히 사는 나무, 죽지 못해 산 나무 등이라고 했다. 그중에 '죽지 못해 산 나무'가 작가의 마음을 아리게 했다. 간신히 사는 나무는 그래도 살아야 할 목표가 있어서 산다지만, 죽지 못해 사는 나무의 운명은 무엇이던가. 매서운 찬바람에 오들오들 떨면서 온몸으로 바람과 맞서고 있는 나무에게서 젊은 날 자신의 모습을 본 것이다.

빙하 주위에 있는 나무는 기온이 낮아 생장이 느리다고 했다. 한겨울에는 영하 50도까지 내려가기 때문에 나무는 빙하의 반대 방향으로 굽어서 가지가 한쪽으로 기우는 깃발 현상이 일어난다고 했다. 그러나 가느다란 나무를 잘라보면 나이테가 촘촘해 육안으로는 식별이 불가능하고 전자현미경으로 관측할 수 있는데, 수백 년이 지난 긴 세월을 살아왔음을 보여준다고 했다.
- 「죽지 못해 산 나무」에서

Ⅲ. 허기

1. 이별

김스잔나의 작가적 자산은 허기로부터 발아된다. 오랜 투병 끝에 남편이 떠나 영결 미사를 마치고 화장장으로 향하던 날은 혹독하게 추워서 가까운 친척들도 대부분 성당에서 발길을 돌렸다. 작가는 말한다.

죽음이란 살아있는 자에게 이별의 고통을 준다. 우리는 그리 살가운 부부는 아니었지만, 그가 내 곁을 떠난 일 년 동안은 우울증에 걸리는 줄 알았다. 살아있을 때 좀 더 잘해주지 못한 것이 한없이 아쉽고 미안했다. 이 세상에서 가장 미안한 사람이 남편이다. 남편은 자기를 대신해 어려운 가정 살림을 도맡아 고생한다고 나를 안쓰러워할 때도 있었다. 보듬어 주고 인정해 주는 사람은 그래도 남편밖에 없었다.

그와의 추억이 깃든 고향집 뒤뜰에다 안식처를 마련해 놓고 산 사람에게 하듯 그에게 말을 건넨다.

"여보 나 왔어요."

삶에 지쳐 사랑에 인색했던 마음의 빚을 조금이라도 갚아 주자고 한다는 짓이 산소 옆에 돋아난 애꿎은 풀만 몇 포기 뽑고 오는 것이 고작이다. 사랑하는 마음과 미안한 마음은 결국 같은 의미가 아닐까. 나는 오늘도 창 너머로 그의 무덤을 바라보며 마음의 허기를 채운다.

-「허기」에서

그런가 하면 작가는 수필 「난설헌에게」를 통하여 꾸밈없는 솔직한 여심을 드러내기도 한다. 「난설헌에게」는 조선조 중기 허난설헌이 쓴 「채연곡(蓮曲)」을 보고 자신의 소회를 기록한 글이다.

秋淨長湖碧玉流

　(가을날 맑고 넓은 호수에 옥과 같이 푸른 물이 흐르네)

　荷花深處繫蘭舟

　(연꽃 우거진 곳에 배를 대어 놓고 있던 차에)

　逢郎隔水投蓮子

　(물가에 사내가 지나가네 연밥을 따서 던졌다네)

　恐被人知半日愁

　(누가 봤을까 봐 반나절이나 근심스러웠다네)

　이 아름답고 진솔한 고백을 두고 작가는 결혼 전 집 앞에까지 데려다주면서 손 한 번 잡아주지 않았던 남편을 떠올린다. 어느 날 예외 없이 집 앞에서 그가 돌아서려는 순간 작가가 먼저 그의 손을 덥석 잡고 만 것이다. 난설헌이 지나가는 사내에게 먼저 연밥을 따서 던진 것처럼 말이다. 작가는 고백한다.

　난설헌 님.
　연밥을 던진 그 남자는 어찌 되었나요? 지금 제 곁에는 남편이 떠난 공허한 자리만 남았습니다. 남편과의 추억이 깃든 시골에 집을 지으면서 위 뜰에다 그의 무덤을 옮겨 놓았지요. 아침저녁 올라가 인사를 하면서 살아생전 좀 더 잘해주지 못해서 미안하다고 말합니다. 실제로 저는 남편에게 아주 미안합니다. 이제 와 생각해 보니 우리는 서로가 피해자인 동시에 가해자가 아니었나 하는 회한이 드는데, 예전에는 왜 그렇게 저만 피해자인 듯 상처를 받았을까요? 인연이란 그 누구도 어찌할 수 없는 것인가 봅니다. 죽고 나니 이제야 온전히 그가 내 남자인 듯 느껴지니 이 무슨 당치않은 심사란 말입니까.

오늘 저는 그의 무덤 앞에서 살아생전 물어보지 못했던 질문 하나를 던졌습니다. 내가 그의 손을 잡았던 그날, 행복했었느냐고. 그는 대답이 없고 바람만이 한 줄기 지나갔습니다. 그 또한 대답인가 하여 가슴에 품고 애꿎은 풀만 뽑다 돌아왔습니다. 허무해라. 생이란 결국 한 줄기 바람이던가요.

-「난설헌에게」에서

2. 변화

작가의 삶에 결정적 변화를 준 것은 무엇이었을까. 1989년부터 시행된 해외여행 자유화와 남성 중심 사상이 서서히 허물어지기 시작한 사회적 현상을 들 수 있을 것이다. 여성의 권리가 신장되고 딸들도 대접받는 시대가 온 것이다. 여성도 남성과 당당히 경쟁하며 자신의 능력을 펼칠 수 있는 시대가 올 줄이야!

대학에서 영문학을 전공한 셋째 여동생이 미국 유학을 마치고 그곳에서 금융계에 진출했다. 성공한 동양 여인으로 미국 신문에 실릴 만큼 두각을 나타냈다. 자리를 잡은 동생이 부모님과 남은 가족을 모두 미국 이민 길에 오르게 했다. 획기적인 변화였다. 작가에게도 남편의 지병 치료를 위해 미국행을 시행한 것을 필두로 하여 캐나다, 알래스카, 하와이 등을 다녀올 기회가 주어졌고, 딸 부부의 유학으로 장기간 이탈리아에도 머물렀다. 이들 해외여행은 작가의 의식세계를 많이 넓혀 주었다.

그뿐인가. 작가는 국내에서도 각종 문화생활을 놓치지 않았다. 문학뿐 아니라 영화, 연극, 미술전시도 열심히 챙겨보았다. 그중에서도 수필 「번 더 플로어」는 '무대를 불태우자!'를 캐치 프레이즈로 내건 세계적 댄스뮤지컬을 소재로 쓴 작품이다.

'번 더 플로어'를 처음으로 우리나라 관객들에게 선보인 곳은 서울의 어느 체육관이었다. 그토록 열광했던 번 더 플로어 내한 공연을 6년 후에 다시 보게 된 것은 세종문화회관에서다. 입추의 여지 없이 많이 모인 관객 앞에서 펼쳐진 공연은 성황리에 막을 내렸다. 커튼콜이 여러 차례 이어졌다.

연출가와 댄서들이 무대에 나와 관객들에게 인사를 했다. 관중들은 전석 기립하여 박수갈채를 보냈다. 닫히고 열리기를 반복한 끝에 드디어 더 이상 무대를 볼 수 없었다. 하지만 관객들은 닫힌 커튼 앞을 서성이며 아쉬움에 자리를 뜰 줄 몰랐다. 작가는 고백한다.

공연이 끝나고 흥겨운 이벤트가 있었다. 많은 관객 중에 무작위로 추첨하여 출연한 댄서들과 사진을 찍을 수 있는 행운을 주는 행사였다. 딸과 내가 당첨되었다. 세기적인 라틴 댄서 챔피언들과 나란히 포즈를 취하고 기념사진을 찍을 줄이야 상상이나 했겠는가!

지금은 고요함을 즐기지만 한때는 스포츠댄스에 매료된 적이 있다. 춤은 몸의 움직임을 통해 생각을 소통한다. 춤에 몰입하는 순간만큼은 세상의 모든 근심 걱정을 다 날려 버릴 수 있다. 스트레스와 질병으로 시달리는 사람에게 치유의 효과도 준다고 한다. 춤은 인간이 창조한 어느 예술 못지않게 위대한 예술이라는 생각이 든다. 사람의 감성과 사랑의 이야기를 춤으로 풀어낸 번 너 플로어의 공연은 아름나움의 신수를 보여주었다. 열성적인 음악과 환상적인 춤으로 무대를 불태우던 번 더 플로어에 대한 추억은 세상의 모든 춤을 찬미하며 오래도록 내 가슴에 담아 두고 싶다.

- 「번 더 플로어」에서

3. 통점골

황혼의 나이에 이르자 작가는 고향 땅 통점골에 둥지를 틀었다. 어릴 적에 통지미라고 불렸던 그곳은 산비탈을 따라 층계를 이루며 붙어있던 다랑논이었다. 손바닥만 한 논뙈기 몇 마지기에 생명줄을 달고, 머루나 산딸기를 따 먹던 추억이 서린 곳이다. 산기슭에 허름한 초가 몇 채가 있었는데 전쟁 통에 모두 아랫동네로 이사 가는 바람에 돌담 흔적만 남아있던 산골이었다.

물론 통점골이 마냥 좋기만 한 곳은 아니다. 늦은 나이에 집 근처에 조그마한 텃밭을 일구기 시작한 것이 화근이었다. 해마다 봄이 오면 기본적인 채소 몇 가지를 심었다. 문제는 땅심이 얕고 밑에는 돌이 많다는 점이다. 수시로 돌을 주워 내었건만 아직도 자잘한 돌들이 수없이 박혀있다. 천성적으로 일 욕심이 많은 작가는 이 일로 해서 손가락에 큰 병을 얻고 말았다. 그러나 작가는 전원생활에 만족한다.

"참, 좋다!"

나는 하루에도 몇 번씩 이 말을 되뇐다.

호숫가에 서 있는 키 큰 느티나무와 앞마당의 잔디가 노르스름한 가을빛으로 물들어 간다. 산과 호수를 내 정원의 일부라고 우기면서 나는 살고 있다. 봄이면 싹을 틔워 절정을 이루던 초목이, 계절 따라 퇴색하면서 생성과 소멸의 순환을 보여준다.

'통점골' 하루 중 가장 쓸쓸하고 외로운 때가 어둠이 내리는 저물녘이다. 산골에 적막이 드리울 때면 이웃집 불빛만 봐도 반갑다. 우리는 이심전심으로 이웃을 위해 외등을 밝혀둔다. 사람의 정이 그립고 인간의 소중함이 절실한 이곳, 통점골에 둥지를 튼 것은 참 잘한 일이다. 참, 좋다.

- 「참, 좋다」에서

Ⅳ. 에필로그

김스잔나의 『참, 좋다』를 덮는다. 사적으로 그는 필자의 대학 선배이다. 미국에 가 있는 셋째 여동생이 필자의 동기이기도 하다.

수필을 써 보겠다고 필자를 찾아왔을 때 찬찬히 그를 살펴보았다. 은은한 아름다움이 느껴졌다. 사회적 혼란 속에서 힘든 경제활동을 해 오면서도 어쩌면 이렇게 '아름다움'을 놓치지 않을 수 있었는지, 놀라울 따름이었다.

그는 이미 수필에서의 치유 기능을 터득한 듯싶었다. 삶의 고통과 슬픔을 멀찌감치 밀쳐놓고, 관조하듯 멀리 혹은 가까이하고 있음이 느껴졌다. 메모 습관이 글쓰기에 많이 도움이 되었다. 그는 거의 메모광이었다. 틈틈이 메모하고 소감을 남겨 둔 것이 글쓰기에 활력소가 되지 않았나 생각한다.

본 적은 없지만 감히 그의 신에게 경의를 표한다. 1940년대의, 남아선호 사상이 팽배한 시대에 딸부잣집 맏이로 태어나 엄혹한 전쟁을 겪은 사람에게도 신은 곳곳에 기쁨을 숨겨 놓았나 보았다. 만질 수는 없지만 수필에게도 경의를 표한다. 80대의, 산전수전 다 겪은 할머니에게도 이렇게 진솔하게 삶을 나눌 독자가 있다는 것이 얼마나 근사한가. 모쪼록 강녕하시길 기원한다.

참, 좋다

지은이 | 김스잔나

초판 인쇄 | 2025년 4월 15일
초판 발행 | 2025년 4월 20일

펴낸이 | 신중현
펴낸곳 | 도서출판 학이사
출판등록 | 제25100-2005-28호

　　대구광역시 달서구 문화회관11안길 22-1(장동)
　　전화_(053) 554-3431, 3432　팩시밀리_(053) 554-3433
　　홈페이지_http://www.학이사.kr
　　이메일_hes3431@naver.com

ⓒ 2025, 김스잔나
· 이 책은 저작권법에 따라 보호받는 저작물이므로 무단복제를 금합니다.
· 내용의 전부 또는 일부를 이용하려면 반드시 저작권자와 학이사의 서면 동의를 받아야 합니다.

ISBN 979-11-5854-561-1 03810

참, 좋다

지은이 | 김스잔나

초판 인쇄 | 2025년 4월 15일
초판 발행 | 2025년 4월 20일

펴낸이 | 신중현
펴낸곳 | 도서출판 학이사
출판등록 | 제25100-2005-28호

   대구광역시 달서구 문화회관11안길 22-1(장동)
   전화_(053) 554-3431, 3432   팩시밀리_(053) 554-3433
   홈페이지_http://www.학이사.kr
   이메일_hes3431@naver.com

ⓒ 2025, 김스잔나
· 이 책은 저작권법에 따라 보호받는 저작물이므로 무단복제를 금합니다.
· 내용의 전부 또는 일부를 이용하려면 반드시 저작권자와 학이사의 서면 동의를 받아야 합니다.

ISBN 979-11-5854-561-1 03810